江苏省高级人民法院
公 报

GAZETTE OF THE HIGHER PEOPLE'S COURT OF JIANGSU PROVINCE

江苏省高级人民法院 编

法 律 出 版 社

图书在版编目(CIP)数据

江苏省高级人民法院公报. 2021年. 第2辑 : 总第74辑 / 江苏省高级人民法院编. -- 北京 : 法律出版社, 2022

ISBN 978-7-5197-5983-4

Ⅰ. ①江… Ⅱ. ①江… Ⅲ. ①法院-文件-汇编-江苏-2021 Ⅳ. ①D926.229

中国版本图书馆CIP数据核字(2021)第200458号

江苏省高级人民法院公报
(2021年第2辑:总第74辑)
JIANGSUSHENG GAOJI RENMIN FAYUAN GONGBAO
(2021 NIAN DI-2 JI:ZONG DI-74 JI)

江苏省高级人民法院 编

责任编辑 冯高琼
装帧设计 汪奇峰 鲁 娟

出版发行 法律出版社
编辑统筹 法规出版分社
责任校对 张红蕊
责任印制 耿润瑜
经　　销 新华书店

开本 A4
印张 4.75　　**字数** 96千
版本 2022年1月第1版
印次 2022年1月第1次印刷
印刷 三河市兴达印务有限公司

地址:北京市丰台区莲花池西里7号(100073)
网址:www.lawpress.com.cn
投稿邮箱:info@lawpress.com.cn
举报盗版邮箱:jbwq@lawpress.com.cn

销售电话:010-83938349
客服电话:010-83938350
咨询电话:010-63939796

书号:ISBN 978-7-5197-5983-4
定价:15.00元

凡购买本社图书,如有印装错误,我社负责退换。电话:010-83938349

江苏省高级人民法院公报

2021年第2辑(总第74辑)

重要文献

司法文件

参阅案例

深入学习贯彻习近平法治思想
奋力推动新时代全省人民法庭工作高质量发展

——在全省人民法庭工作会议上的讲话

夏道虎

（2021年4月29日）

同志们：

这次会议主要任务是，坚持以习近平新时代中国特色社会主义思想为指导，深入学习贯彻习近平法治思想和习近平总书记关于“更加注重强基导向”的指示精神，全面贯彻党的十九届五中全会、省委十三届九次全会精神以及中央、最高人民法院、省委和省委政法委有关决策部署，认真落实第四次全国人民法庭工作会议要求，总结近年来全省人民法庭工作，分析面临的形势任务，研究推动新时代全省人民法庭工作。

刚才，省法院党组成员、政治部孙效增主任宣读了关于表彰全省优秀人民法庭和全省优秀人民法庭庭长的决定、关于对全省法院指导人民法庭工作先进集体予以表扬的通报。在此，我代表省法院党组，向受到表彰表扬的先进集体和个人表示热烈的祝贺！省法院李玉生副院长传达了第四次全国人民法庭工作会议精神，3个先进单位代表和2名先进个人作了发言，讲得都很好，值得各地认真学习借鉴。

一、关于近年来全省人民法庭工作的总结回顾

近年来，全省法院把人民法庭工作作为服务大局的重要抓手、司法为民的重要举措，作为抓基层、打基础、利长远的一项重要工作，加强组织领导、强化工作保障；全省人民法庭紧紧围绕“努力让人民群众在每一个司法案件中感受到公平正义”的目标，坚持“三个面向”和“两便”原则，充分发挥自身优势和职能作用，依法审理各类案件，积极参与社会治理，全力服务脱贫攻坚和乡村振兴，司法能力和水平稳步提

升，各项工作取得显著成绩，为平安江苏、法治江苏建设作出了积极贡献。

一是强化审判执行，扎实有力服务中心大局。2018 年至 2020 年，全省人民法庭共受理案件 1068587 件，审结 949291 件，收、结案数占同期基层法院民商事案件的三分之一，审判质效稳中向好。在工作中，认真贯彻新发展理念，依法公正审理涉“三权分置”、产权、合同等案件，助力乡村建设，服务经济社会持续健康发展。依法审理婚姻家庭、人身损害赔偿等涉民生案件，依法维护群众合法权益。加强常态化疫情防控司法应对，妥善化解涉疫矛盾纠纷，积极服务统筹推进常态化疫情防控和经济社会发展工作。

二是优化诉讼服务，方便快捷践行司法为民。深入推进人民法庭一站式建设，建立线上线下相结合的诉讼服务体系，推出了一系列形式多样、各具特色的司法便民利民举措，人民群众对司法的获得感、满意度明显提升。适应形势发展和人民群众日益多元的司法需求，一批道交、家事等专业化人民法庭相继设立，形成点面结合、覆盖城乡的司法服务网络，广大基层群众参与诉讼更加便利，化解矛盾纠纷更加便捷。常态化开展巡回审判，广泛开展以案释法、送法下乡，深入基层一线宣讲民法典，让法治阳光照进千家万户。泰州地区法庭设置 54 个巡回审判站点，就地就近开展巡回审判，把矛盾纠纷化解在群众身边。扬州邗江公道法庭建立“预约法官”制度，为行动不便的老年人、残疾人、病患者上门立案，提供优质而贴心的司法服务。

三是推进多元解纷，积极有效参与基层社会治理。主动融入党委领导的基层社会治理体系，积极参与“无讼村(居)”建设，持续推进“审务进基层、法官进网格”，加强诉调对接机制建设，形成了“乡贤审务工作站”“五老调解中心”“乡村法官驿站”等务实有效的调解机制。截至 2020 年年底，全省人民法庭共引入 692 个特邀调解组织、1154 名特邀调解员参与案件调解。宿迁地区人民法庭依托全覆盖的审务工作站，组织法官、法官助理深入参与诉源治理，全市人民法庭收案数呈逐年下降态势。张家港凤凰法庭打造多元纠纷化解“凤凰模式”，受理案件从 2013 年的 998 件下降到 2020 年的 475 件，矛盾纠纷多元化解成效显著。常州武进嘉泽法庭加强与有关部门沟通协作，指导某村委会修订“外嫁女”土地权益村规民约，“一揽子”化解该村 20 余起同类纠纷。

四是深化改革创新，精心打造特色品牌。深入推进司法责任制综合配套改革，人民法庭审判权运行更加规范，审判力量配备进一步充实。目前，全省302个人民法庭，共有员额法官905人，法官助理564人，书记员1581人。广泛开展“一法庭一品牌”创建活动，培育形成了“法润乡风”“左邻右理”“渔船法庭”“田间法庭”等一批彰显特色、群众认可、成效显著的法庭工作品牌。南京雨花台铁心桥法庭联合区妇联等13家单位共建“希望树”未成年人权益保护社会治理联合体，全方位打造关爱保护未成年人的综合性工作平台。无锡新吴旺庄法庭创设“大玫法官说家事”法治宣传品牌，深受群众好评，人民网、央视“今日说法”等主流媒体均予以报道。

五是加强队伍建设，着力提升法庭干警司法能力。始终把党的政治建设摆在首位，普遍组织习近平新时代中国特色社会主义思想、习近平法治思想学习培训，扎实开展“不忘初心、牢记使命”主题教育，队伍凝聚力、战斗力持续增强。坚持“支部建在庭上”，深入实施基层党组织组织力提升工程，法庭党支部标准化、规范化水平不断提升。加强专业化建设，深入实施人民法庭两年一轮的轮训计划，人民法庭司法水平、干警综合能力素质明显提升，涌现出朱明来、徐新枝、王婷玉、徐福灿等一大批先进典型，人民法庭成为优秀司法人才的重要成长基地。昆山千灯法庭等4家法庭荣获全国法院人民法庭工作先进集体称号，黄文娣等5位同志荣获全国法院人民法庭工作先进个人称号。

六是加大保障力度，持续推进法庭基础建设。省法院定期研究人民法庭工作，调整优化全省人民法庭布局。各市中级法院健全指导机构和机制，人民法庭指导工作专业性、针对性、实效性不断提升。徐州中院党组专题研究制定人民法庭业务指导实施方案，无锡中院以争创新时代“枫桥式”人民法庭为抓手，推动全市建立网格化社会矛盾纠纷排查调处体系。各地法院在地方党委领导和政府支持下，加大经费投入，人民法庭基础设施建设、物质装备配备、安全保卫工作等持续加强。2018年以来，全省共新建、改扩建人民法庭62家，办公办案环境得到明显改善。全省法庭已全部接入最高人民法院人民法庭工作平台和信息平台，实现了“人、案、事”的实时动态管理，工作智能化水平显著提升。苏州吴江开发区法庭将科技创新融入法庭工作全流程，研发推出“苏智”办案辅助平台、“苏小e”智能语音辅助等系统，实现了“一键开庭”“一键生成文书”“一键归档”，显著减轻了工作负担、提高了办案效率。

近年来全省人民法庭工作取得的成绩和进步，离不开各级党委坚强领导、人大及其常委会有力监督、政府和有关部门大力支持、政协民主监督以及社会各界和各级人大代表、政协委员关心支持，离不开全省各级法院的精心谋划、监督指导和广大人民法庭干警的辛勤付出。在此，我代表省法院，向全省各级党委、人大、政府、政协和社会各界表示衷心的感谢！向全省广大人民法庭干警致以诚挚问候！

人民法庭工作也还存在一些问题和不足，主要表现在：一是有的法院对人民法庭工作重视不够、指导不力。二是有的人民法庭工作力量配备不足，有的法庭只有庭长一人是员额法官，审判辅助人员也较为紧缺。三是有的基层法院仅仅将人民法庭视为办案点，弱化了法庭参与社会治理的职能。四是人民法庭考核机制还不健全，参与基层社会治理工作还不能客观全面地体现到工作业绩中，影响工作积极性。五是法庭布局需要进一步优化，一些地区法庭数量偏少，难以满足审判工作和基层社会治理需求。六是部分法庭干警轮岗、培养机制还不健全，人民法庭“人才摇篮”作用没有充分发挥。七是个别干警宗旨意识不强，工作作风有待改进。八是有的法庭安保人员、安保设施配备不够，安保工作措施落实不到位，存在安全隐患。对于这些问题和不足，全省各级法院和人民法庭要高度重视，采取有力措施，切实加以解决。

二、关于当前全省人民法庭工作面临的形势任务

人民法庭处于人民法院最基层，是化解矛盾纠纷、服务人民群众的第一线，是推进社会治理、促进乡村振兴的最前沿，是巩固基层政权、维护社会稳定的重要主体。抓基层、打基础一直是我们的优良传统和工作重点，尤其是进入新时代，更加注重强基导向成为整个政法工作的重要导向。2021年年初习近平总书记在关于政法工作的重要指示中，明确强调要更加注重系统观念、法治思维、强基导向。中央政法委和省委政法委都对落实强基导向作了专门强调和工作部署。最高人民法院更是在2020年年底就专门开会，对推进新时代人民法庭工作作出全面部署，并在2021年年初的全国高级法院院长会议上，进一步把强化人民法庭建设、服务全面推进乡村振

兴和基层社会治理作为年度人民法院工作的重点。全省各级法院和人民法庭要深刻认识做好新时代人民法庭工作的重要意义，准确把握新形势新任务，切实增强做好新时代人民法庭工作的责任感使命感。

一是开启现代化建设新征程为人民法庭工作赋予了新使命。2021 年是中国共产党成立 100 周年，我国开启了全面建设社会主义现代化国家新征程。党的十九届五中全会指出，我国继续发展具有多方面优势和条件，但发展不平衡不充分的问题依然突出，如农业基础还不稳固，城乡区域发展差距较大，民生保障存在短板，社会治理还有弱项等。人民法庭扎根基层、面向群众、服务群众，在化解基层矛盾纠纷、促进基层社会治理、维护基层安定和谐等方面具有不可替代的重要作用。做好人民法庭工作是司法服务社会主义现代化建设的基础工程。我们必须准确把握立足新发展阶段、贯彻新发展理念、构建新发展格局要求，把人民法庭工作置于经济社会发展大局中谋划推进，充分发挥人民法庭职能作用，为我省履行好“争当表率、争做示范、走在前列”重大使命，实现现代化建设开好局起好步提供有力司法保障。

二是践行以人民为中心的发展思想为人民法庭工作提出了新要求。人民法庭制度，是人民司法优良传统最直接的体现，是人民法院坚持以人民为中心最生动的实践。进入新时代，人民群众对法院审判案件的质量与效率、实体公正与程序公正、司法供给的精细化与个性化等提出了更高要求，不仅要求解决纠纷，还希望解纷途径更多样、方式更便捷、成本更低廉，不仅要求解开“法结”，还希望化解“心结”。我们必须充分发挥人民法庭贴近群众的天然优势，更加注重以人民群众听得懂、看得见、易接受的方式开展工作，把情理法高度融入执法办案全过程，切实增强人民群众的司法获得感。

三是全面推进乡村振兴为人民法庭工作划定了新重点。“十四五”规划提出，要坚持农业农村优先发展，全面实施乡村振兴战略，加快农业农村现代化。全省农村工作会议指出，我省最有基础、最有条件在乡村振兴和城乡融合上率先突破、走在前列，必须担好率先实现农业农村现代化的重任。为全面推进乡村振兴、率先实现农业农村现代化提供司法服务和保障，人民法庭既肩负重要职责，更拥有广阔舞台。我们必须把开展涉“三农”司法审判、服务和保障实施乡村振兴战略作为人民法庭工作的重中之重，为走出一条具有江苏特色的乡村振兴和城乡融合发展之路提供坚实的司法保障。

四是加强和创新基层社会治理为人民法庭工作明确了新任务。党的十九届五中全会强调，“十四五”期间要完善共建共治共享的社会治理制度，实现社会治理特别是基层社会治理水平明显提高的目标。社会治理工作最坚实的力量支撑在基层，最突出的矛盾和问题也在基层，必须把抓基层打基础作为长远之计、固本之策，充分发挥人民法庭促进矛盾纠纷源头治理的独特优势，推动更多法治力量向引导和疏导端用力，促进形成自治、法治、德治相结合的城乡基层治理体系，不断夯实平安江苏、法治江苏建设的根基。

五是推进审判体系和审判能力现代化为人民法庭工作确立了新课题。做好新时代人民法庭工作是推进审判体系和审判能力现代化的基础环节，全面深化高质量司法实践也离不开人民法庭工作高质量发展。我们必须坚持以解放思想引领改革创新，把人民法庭作为司法体制改革和智慧法院建设的重要“试验田”，抓基层、夯基础，补短板、强弱项，不断提升人民法庭建设现代化水平，努力打造更多江苏经验、江苏品牌，以过硬成绩在全国争创一流、走在前列。

三、关于进一步加强人民法庭工作的部署安排

当前和今后一个时期，做好人民法庭工作要坚持以习近平新时代中国特色社会主义思想为指导，深入学习贯彻习近平法治思想，紧紧围绕“努力让人民群众在每一个司法案件中感受到公平正义”目标，把强化人民法庭建设、服务全面推进乡村振兴和基层社会治理作为工作重点，更加注重系统观念、法治思维、强基导向，坚持服务大局、司法为民、公正司法，坚持和发展“三个面向”和“两便”原则，以化解纠纷、服务群众为根本，以特色品牌建设为抓手，大力推进人民法庭标准化、规范化、智能化建设，进一步调整优化人民法庭布局，充分发挥人民法庭职能作用，着力提升人民法庭司法水平，奋力推动新时代全省人民法庭工作高质量发展，为谱写“强富美高”新江苏建设新篇章提供更加有力司法服务和保障。要重点做好八项工作：

一是深入学习贯彻习近平法治思想，牢牢坚持人民法庭工作正确政治方向。要坚持把党的政治建设摆在首位，深入学习领会习近平法治思想，不断增强“两个维护”的思想自觉、政治自觉、行动自觉，切实提高政治判断力、政治领悟力、政治执行力。要加强理想信念教育，深入开展党史学习教育，传承人民司法优良传统，引导广大法庭干警坚定理想信念、坚守公平正义、永葆为民初心。要把讲政治和讲法律有机统一起来，认真办好群众身边的“小案”，切实增强案件舆情风险意识，牢牢守住人民法庭意识形态阵地，确保案件处理取得良好政治效果、法律效果和社会效果。

二是狠抓执法办案第一要务，进一步提升人民法庭司法能力水平。完整准确全面贯彻新发展理念，积极服务和融入新发展格局，找准司法精准发力的结合点、切入点，勇于担当作为，扎实履行职责，服务经济社会高质量发展。要依法审理各类涉产权、合同等案件，健全服务民营经济制度机制，着力营造法治化营商环境。要加强常态化疫情防控司法应对，依法服务做好“六稳”工作、落实“六保”任务，更好发挥司法稳预期、促发展、保民生作用。要强化民生司法保障，依法妥善审理婚姻家庭纠纷、人身损害赔偿纠纷等基层多发易发案件，维护人民群众合法权益。人民法庭职能的发挥，归根结底要体现到审判质效上。要强化审判监督管理，科学调度审判资源，定期分析审判工作态势，强化均衡结案和案件质量评查，促进审判质效提升；扎实推进案件繁简分流，综合运用小额诉讼程序、简易程序等办案程序，推广适用令状式、要素式等裁判文书，实现简案快审、繁案精审。

三是强化便民利民举措，努力满足人民群众多元司法需求。2021 年，省委政法委把推进“家门口式诉讼”纳入政法惠民实事，全省人民法庭要结合各地实际，创造性地推进这项工作。要加强人民法庭一站式建设，推动在人民法庭普遍建立诉讼服务站，在乡镇街道建立法官联络点，大力推行上门立案、电话立案、预约立案、跨域立案等工作方式，统一人民法庭诉讼服务的功能、流程和标准，最大限度便利群众诉讼。要深化人民法庭智慧诉讼服务建设，不断完善网上立案、网上办案等功能，适应农村留守老人多特点推出更多适老服务措施，用好人民法庭工作平台和信息平台，加强与基层组织的数据协同共享，让“数据多跑路、群众少跑腿”。要强化巡回审判工作，传承发展“马锡五审判方式”，鼓励地处偏远、案件量较大的乡镇(街道)法庭设立巡回审判点，建立健全常态化巡回审判工作机制，深入村镇、社区、企业，就地立案、就地审判，切实减轻群众诉累。

四是服务保障乡村振兴，促进加快农业农村现代化建设。当前，“三农”工作重心已从脱贫攻坚历史性转移到全面推进乡村振兴。要按照最高人民法院部署要求，准确把握我省农业农村发展新变化，结合本地实际，建立健全司法服务保障制度机制，大胆创新、先行先试，为我省在乡村全面振兴、城乡融合发展上先行探索提供司法保障。要服务保障乡村产业振兴，依法保护企业合法权益，加大对家庭农场、农民专业合作社等新型农村市场主体的保护力度，促进培育新型农业经营主体。依法妥善审理涉及农地征收征用、农村土地承包地、宅基地“三权分置”纠纷等案件，促进农业规模化经营和产业化发展。要服务保障乡村人才振兴，依法妥善审理各类人才返乡入乡创业纠纷案件，依法保护农业农村知识产权，激发乡村人才创新创业活力。加强对综治网格员、人民调解员、人民陪审员、村官的业务指导，组织开展庭审观摩等法治实践培训，帮助培养一批基层社会治理、法治建设的示范带头人，为法治乡村建设提供人才支撑。要服务保障乡村文化振兴，妥善处理乡村邻里纠纷，依法规制高价彩礼、干预婚姻自由、虐待遗弃家庭成员等不良习气，以群众喜闻乐见的形式积极开展民法典宣传，促进培育文明乡风、良好家风、淳朴民风。要服务保障乡村生态振兴，把民法典绿色原则贯彻到执法办案中，依法审理好相关案件，助力建设美丽乡村。要服务保障乡村组织振兴，充分发挥司法的规范引领作用，通过巡回审判、公开宣判、送法下乡等活动，促进基层组织提升运用法治思维和法治方式深化改革、推动发展、化解矛盾、维护稳定的能力。

五是积极参与社会治理，推动提升基层社会治理法治化水平。我国有 14 亿人口，如果大大小小的事都打官司，法院将不堪重负，社会将会失序，国情决定了我们不能成为“诉讼大国”。人民法庭是基层社会治理的重要力量，在促进矛盾纠纷源头化解、多元化解方面发挥着不可替代的重要作用。对人民法院来说，落实“把非诉讼纠纷解决机制挺在前面”要求，非常关键的一环就是要发挥好人民法庭参与社会治理的重要作用。全省各地人民法庭要进一步深化认识，创新发展新时代“枫桥经验”，更加积极主动融入党委领导的基层社会治理体系，加强与基层党组织、政法单位、自治组织的对接，落实“大数据 + 网格化 + 铁脚板”机制要求，深入推进“审务进基层、法官进网格”，积极支持“无讼村

（居）”创建，努力让大量矛盾纠纷化于未发、止于未诉。要健全完善诉讼与非诉讼对接机制，用足用好“江苏微解纷”“道路交通事故网上数据一体化”等平台，探索成立家事纠纷等专门调解室，加强特邀调解、委托调解、委派调解等制度应用。依法支持、配合群团组织、社会组织、行业商会和群众自治组织调处矛盾纠纷，切实发挥司法在程序安排、效力确认、法律指导方面的保障作用。要建立类案信息反馈机制，针对办案中发现的公共政策、行政执法等方面的问题，主动提出专项报告或司法建议，为基层党委政府依法治理提供决策参考。

六是深化司法体制改革，不断提升人民法庭司法公信力。要在法定职能基础上推动人民法庭差异化发展，对乡镇法庭，要突出参与社会治理功能，着力打造成乡村矛盾纠纷化解和社会治理的法治化枢纽和中心；对城区法庭，要以类型化案件特点和必要的收案量为基础，重点打造成专业化法庭，发挥集中、高效、专业的审判优势，更好服务地方经济社会发展。2021 年，省法院党组研究了少年法庭挂牌工作，要求没有独立建制少年法庭的基层法院，可以在城区人民法庭加挂“少年案件综合审判庭”牌子，这是贯彻实施新修订的未成年人保护法、预防未成年人犯罪法，推进少年审判专业化的一项重要举措。相关法院要根据统一部署，抓好贯彻落实。要进一步优化人民法庭布局，坚持和发展“两便原则”，加强与党委编制部门的沟通协调，统筹做好人民法庭布局调整和机构设置工作。要深化司法责任制综合配套改革，落实独任法官、合议庭办案主体责任，探索符合人民法庭工作特点的审判团队组建模式，严格执行省法院制定的办案人员权责清单，着力构建权责统一、监督有序的审判权运行机制。要做好人民陪审员选任工作，落实好随机抽选人民陪审员候选人制度，增强入选人员的广泛性，充分发挥人民陪审员的参审作用，进一步扩大司法民主。

七是注重严管厚爱，锻造人民法庭高素质过硬队伍。要加强人民法庭党建工作，落实“支部建在庭上”要求，实现党的组织和党的工作全覆盖，积极打造符合党建工作规律、具有鲜明法庭特色、引领效果明显的党建品牌。要强化司法能力建设，继续实施好人民法庭轮训计划，紧扣法庭工作需要设置培训课程，着力提高法庭干警纠纷化解能力和群众工作能力。要创新人才培养机制，人民法庭历来是法院人才培养的重要“摇篮”，我省法院相当一部分领导干部和审判骨干都具有人民法庭工作经历。下一步，要继续做好人民法庭干警选拔培养工作，鼓励优秀青年干警到人民法庭锻炼，把人民法庭建设成为优秀法治人才成长和培养青年法官、青年干部的重要基地。要坚持全面从严治党、从严管理，构建符合人民法庭工作特点的监督管理机制，深入推进队伍教育整顿，严格落实防止干预司法“三个规定”等铁规禁令，整治顽瘴痼疾，以零容忍态度严惩司法腐败。要关心关爱法庭干警，把从优待警各项政策措施落到实处，在评先评优、晋职晋级等方面向人民法庭干警倾斜。各级法院领导干部要做一线干警的“主心骨”，主动承担压力、抵御干扰，对干警在依法履职中遭遇阻挠妨碍、人格侮辱、打击报复甚至故意伤害的，要坚决果断处置，切实解决干警后顾之忧。

八是加强组织领导，切实提高人民法庭工作保障水平。各级法院特别是基层法院要把人民法庭建设摆到更加突出位置，一把手要亲自研究谋划，加强统筹协调，确保人民法庭建设各项任务落实落地。要强化人民法庭工作指导，中级法院党组要指定专门机构负责人民法庭指导工作，将人民法庭工作列入年度工作重点定期研究推进。建立法庭联系点机制，由院领导定向挂钩人民法庭，常态化深入法庭调查研究，进行点对点工作指导，帮助人民法庭解决工作中的问题和困难，纠正少数地方人民法庭职能虚化的倾向。要加强人民法庭工作力量配备、经费和物质装备保障，根据不同法庭案件数量、当地社会经济发展等因素，科学调配员额法官数量，确保每个人民法庭至少有 2 名员额法官。做好经费预算编制工作，建立法庭经费正常增长机制。推进法庭基础设施更新升级，保障办公办案和辅助用房需求。积极争取地方党委政府支持，切实解决人民法庭在工作保障方面的问题和困难。要加强人民法庭信息化建设，把人民法庭信息化纳入智慧法院建设总体规划统筹推进，推动 5G、大数据、人工智能等现代科技与人民法庭工作深度融合。要加强人民法庭司法安全保障，认真贯彻最高人民法院关于司法安全的工作要求，深刻汲取人民法庭安全事故教训，牢固树立“万无一失、一失万无”意识，完善安全防范设施，强化安全隐患排查，健全安全工作机制，切实保障法庭干警人身安全和诉讼活动安全。要健全人民法庭考核机制，探索建立符合审判规律、充分兼顾人民法庭各项工作职能的科学考核指标，既考核办案工作，又考核诉前调解、参与社会治理等工作，力求全面客观体现法庭干警的工作业绩，充分激发干警干事创业积极性。

总之，全省各级法院要把人民法庭工作作为落实习近平总书记“更加注重强基导向”指示的重中之重，狠抓工作落实，善于攻坚克难，不断开创全省人民法庭工作新局面，为服务保障我省“争当表率、争做示范、走在前列”大局、谱写“强富美高”新江苏建设新篇章作出新的更大贡献，以优异成绩庆祝建党100周年！

江苏省高级人民法院印发《关于深化司法责任制综合配套改革的实施意见》的通知

（苏高法发〔2020〕7号　2020年12月31日）

各市中级人民法院，南京海事法院，徐州铁路运输法院，各基层人民法院，本院各部门：

为全面落实司法责任制，努力让人民群众在每一个司法案件中感受到公平正义，省法院研究制定了《江苏省高级人民法院关于深化司法责任制综合配套改革的实施意见》，现予印发。请认真学习领会，抓好贯彻落实。

关于深化司法责任制综合配套改革的实施意见

为深入学习贯彻习近平法治思想，认真贯彻党的十九大和十九届二中、三中、四中、五中全会精神，贯彻落实省委十三届九次全会精神，为江苏"争当表率、争做示范、走在前列"提供有力司法服务和保障，根据中共中央办公厅印发的《关于深化司法责任制综合配套改革的意见》、最高人民法院制定的《关于深化司法责任制综合配套改革的实施意见》、中共江苏省委办公厅印发的《关于深化司法责任制综合配套改革的实施意见》，结合全省法院工作实际，制定如下实施意见。

一、加强人民法院政治建设

1. 加强法院队伍政治建设。坚持以习

近平法治思想武装头脑、指导实践、推动工作，增强“四个意识”、坚定“四个自信”、做到“两个维护”。始终坚持党对法院工作的绝对领导，深入贯彻落实《中国共产党政法工作条例》及我省《实施意见》，巩固深化“不忘初心、牢记使命”主题教育成果，扎实推进党的创新理论学习，持续开展分层次、全覆盖的政治轮训，教育引导法院干警自觉锤炼忠诚干净担当的政治品格。

2. 严格意识形态工作责任制。严格落实《党委(党组)意识形态工作责任制实施办法》和我省《实施细则》，认真落实全省政法系统党支部意识形态工作规定和政法干警意识形态“十不准”，健全法院干警思想淬炼、政治历练、实践锻炼机制，严格规范干警政治言行和网络行为，增强干警坚决抵制西方“宪政”“三权鼎立”“司法独立”等错误思潮侵蚀的意识和能力。

3. 健全完善政治监督机制。健全推动党中央重大决策落实机制，严格落实党内法规执行责任制，严肃查处有令不行、有禁不止行为，确保党的理论和路线方针政策贯彻落实到位。建立健全党组在执法办案中发挥领导作用制度、党组成员依照工作程序参与重要业务和重要决策制度，发挥好把方向、管大局、保落实的领导作用。扎实推进党风廉政建设，加强常态化政治督察和经常性管理监督，严肃组织纪律、工作纪律和审判纪律，严厉查处违规违纪行为。加强法院基层党组织建设，突出政治功能，优化组织设置，创新活动方式，完善党建工作责任体系，实现党建工作和审判工作同部署、同考核，不断提升党组织的组织力。

4. 完善法院队伍从严管理制度。严格落实党管干部原则，突出政治标准，精准识人选人，建立健全简便、务实、管用的法院干警政治素质识别评价机制，在遴选任命、提拔晋升、监督管理、考核评价、培养锻炼、表彰奖励等工作中严把政治关。探索建立干部政治素质档案，突出考核考察法院干警的政治忠诚、政治定力、政治担当、政治能力、政治自律以及在疫情防控等重大事件中的表现。

二、推进执法办案制约监督体系建设

5. 完善审判权力运行机制。健全和落实独任法官、合议庭办案制度机制，完善合议庭工作规则，更好实现“让审理者裁判，由裁判者负责”。推动全省三级法院结合审级职能，制定审判权力和责任清单，明确不同类型审判人员的权责内容及要求。优化办案团队建设，理顺审判机构、审判组织、审判团队的关系，统筹内设机构改革与审判团队建设，顺应繁简分流和专业化分工要求，灵活组建多种类型的办案团队。完善案件分配机制，坚持以随机分案为原则、指定分案为例外，健全与专业化分工相适应的案件分配机制。确需对随机分案结果进行调整的，由院庭长按权限决定，并在办案平台标注原因。

6. 严格落实院庭长监督责任。抓好《院庭长案件监督管理办法（试行）》的贯彻落实，发挥院庭长对“六类案件”的监督管理作用。完善院庭长权责清单和履职指引制度，厘清依法监督管理与不当干预过问案件的界限，积极探索院庭长履行监督管理职责考评机制。坚持法官入额必须办案原则，健全重大、疑难、复杂案件由院庭长直接审理机制，科学确定院庭长办案数量标准，建立监督管理与办案平衡机制，优化各级法院审判监督、行政管理职责，合理减少其非审判事务负担，配套完善分案机制和审判辅助人员配备模式，确保院庭长通过审理案件，及时发现、解决审判监督管理、统一法律适用中存在的问题。院庭长办案应当亲自阅卷、出席庭审、参与合议，不得以主持或参加专业法官会议、协调督办重大敏感案件、监督“六类案件”、接待来访、指挥执行等充抵办案数量，但相关事务可以计入工作量，纳入绩效考核评价内容。

7. 完善审判效率管理机制。强化结案目标管理和办案进度督促，严格案件审限管理，落实好长期未结案件定期通报制度，适时开展超长期未结诉讼案件集中清理活动，对于无正当理由长期未结的案件，及时对相关人员进行约谈督办。

8. 严格追究违法办案责任。健全法官惩戒工作机制，坚持严肃追责与依法保障有机统一，科学区分办案质量瑕疵责任与违法审判责任，细化法官和审判辅助人员的责任划分标准，形成科学完备、符合规律的问责制度体系。落实人民法院监察职能调整工作要求，完善审务监督管理工作机制，整合内部监督力量，构建贯穿审判执行事前、事中、事后的全流程监督管理机制。加大对审判执行工作中失职、渎职行为的通报和警示教育力度。

9. 健全落实“三个规定”工作机制。严格执行《领导干部干预司法活动、插手具体案件处理的记录、通报和责任追究规定》《司法机关内部人员过问案件的记录和责任追究规定》《关于进一步规范司法人员与当事人、律师、特殊关系人、中介组织接触交往行为的若干规定》及其实施办法。畅通信息直报系统，建立干预过问案件办案情况月报告制度，健全对记录违规干预过问案件办案人员的保护和激励机制。健全过问案件记录、通报、责任追究等工作机制，将司法人员违反规定过问案件和干预办案的情况及办案人员记录过问案件的情况，纳入党风廉政建设责任制和业绩考核体系，与部门领导班子履行主体责任直接挂钩，作为考核评价干部的重要依据。

10. 强化外部监督制约。自觉接受人大监督、政协民主监督、纪委监委监督、检察监督和社会监督，做好检察院调阅法院已生效民事、行政诉讼卷宗副卷试点工作。深化裁判文书公开，优化上网工作机制和流程，提升上网及时性，完善不上网核准机制，规范上网文书撤回管理。深化庭审活动公开，充分运用网络直播等形式，进一步推进庭审公开常态化、规范化，发挥庭审公开对司法能力、司法作风的促进作用。深化审判流程信息公开，从源头上做好案件信息录入工作，提升案件有效公开率。深化执行信息公开，定期更新执行指南、执行惩戒、终本案件等信息，及时告知财产控制措施、处分信息。深入推进诉讼案件电子正卷同步向当事人公开，接受当事人监督，服务当事人诉讼。深化人民陪审员制度改革，贯彻落实《人民陪审员法》，做好人民陪审员选任、参审、培训、管理等工作，深入研究事实审和法律审区分规则以及法官指引操作办法，完善陪审制大合议庭运行机制，探索拓展人民陪审员职能，注重吸收专家型陪审员参加诉前调解、案件审理，着力发挥人民陪审员在参与多元解纷工作中的作用，保障人民群众对司法活动的有效参与和监督。主动接受社会监督，促进提升司法能力。

11. 提升智能化监督管理水平。健全智能监测机制，完善审判监督、流程风险防控系统，探索权责清单的智能化应用模式，优化节点监控、风险提示、瑕疵错误预警等功能，实现对各类履职行为可提示、可留痕、可倒查、可监督，提升从海量数据中自动发现常见违规违法问题能力。探索研发个案监督管理模块，嵌入案件管理系统，建立统一的“六类案件”自动识别监测系统，提升自动化识别、智能化监管水平，实现办案信息全程记录、庭审规范自动巡查、违规操作及时拦截、办案风险实时预警。严格落实裁判文书强制纠错制度，将文书纠错软件的应用作为裁判文书签发前的必经步骤，避免文书出现低级错误，提升裁判文书质量。健全智享数据机制，推进全省政法大数据平台应用，推动政法业务网上协同办理。

三、深入推进诉讼制度改革

12. 推进民事诉讼制度改革。推进民事诉讼程序繁简分流改革，指导南京、苏州中院及其辖区基层法院积极开展试点工作。鼓励非试点地区法院在不突破法律和司法解释前提下，积极借鉴试点法院经验，做好推广准备。进一步完善案件繁简分流机制，推广要素式审判、示范性诉讼等做法，深化裁判文书改革，推进案件繁简分流、轻重分离、快慢分道。加强速裁团队建设，推进速裁快审“无纸质卷宗＋无书记员”办案新模式，推动电子卷宗在文书智能生成、电子送达、电子质证、网上阅卷、网上证据交换、电子正卷向当事人公开等方面的深度应用。建立健全科学合理的分类考核机制，加大“分调裁审”工作业绩考评权重，促进大量简单案件在诉讼前端得到快速解决。

13. 深化刑事诉讼制度改革。推进以审判为中心的刑事诉讼制度改革，推进落实庭前会议制度、非法证据排除制度，进一步推进庭审实质化，落实“三项规程”，严格证明标准，坚持证据裁判原则，加大力度推动证人、鉴定人、侦查人员出庭作证。准确适用认罪认罚从宽制度，及时总结认罪认罚从宽制度实践经验，完善认罪认罚案件量刑规范，统一量刑尺度标准，发挥认罪认罚从宽制度价值。

14. 深化行政诉讼制度改革。推动构建行政执法、行政复议、行政诉讼有机协调的行政争议多元化解机制，强化集中管辖法院与非集中管辖法院之间协作配合化解矛盾工作机制，促进行政争议实质化解决。加强行政机关负责人出庭应诉工作，推动完善行政机关负责人出庭应诉考核体系。以信息公开案件审理为突破口，大力推进行政案件简易程序适用。推进赔偿委员会实体化改造，加快实现全省法院司法救助案件职能归口和规范办理。

15. 深化执行体制机制改革。推进“854 模式”迭代升级，全面建立起以执行指挥中心为中枢，以“案件无纸化”与“执行事务中心”为依托的民事执行实施权“一体两翼”运行新机制。健全完善执行工作统一管理机制，准确界定全省三级法院执行局的职能定位，建立健全执行工作单独考核机制。健全完善执行繁简分流工作机制，全面推广“一次性有效执行”“评估拍卖集约化办理”工作经验，提升财产处置效率。完善立审执协调配合机制，有效压降调解案件进入执行程序比例。完善“执转破”考核机制，全面推行“执转破”案件简易审理，切实解决移送难、立案难以及审理难问题。深入开展与个人破产制度功能相当的试点工作。深化审执分离体制改革，切实提升执行裁判案件办理质效。完善并落实执行信访实质化办理机制和“一案双查”制度，及时发现、纠正和预防消极执行、拖延执行、违法执行等问题。严格贯彻裁判的执行内容必须明确具体的要求，将调解和裁判内容的可执行性作为考核案件质效和工作绩效的重要因素。完成苏州、宿迁法院执行体制改革试点工作，着力完善全省法院执行管理制度体系。

四、完善统一法律适用标准工作机制

16. 规范审判指导工作。省法院通过制定审判业务文件、编发参考性案例等方式，总结审判经验、统一裁判标准，制定的审判业务文件、编发的参考性案例应当符合宪法、法律规定和立法精神，不得与司法解释、指导性案例相冲突。制定审判业务文件应当严格按程序报最高人民法院审查，文件正式印发后及时报最高人民法院备案；同时，报省人大常委会备案。

17. 建立法律适用分歧解决机制。探索建立法律适用分歧解决机制，研究解决全省法院案件审理中的法律适用分歧。中基层法院发现法律适用标准不统一问题，经研究无法达成一致意见的，应当层报省法院，超出省法院辖区范围的，应当及时报送最高人民法院研究解决。

18. 发挥审级监督体系作用。完善民事再审程序，探索将具有普遍法律适用指导意义、关乎社会公共利益的案件交由较高层级法院审理。加强上级法院对下级法院的审级监督指导，建立健全改判、发回重审、指令（指定）再审案件的跟踪督办、异议反馈制度，完善分析研判和定期通报机制。充分发挥二审程序解决争议的作用，在二审程序中依法对法律适用问题进行审查。

19. 发挥审判监督程序依法纠错作用。生效案件存在法律适用标准不统一问题的，应当正确处理审判监督程序与司法裁判稳定性的关系，区分案件情况，根据当事人请求或者依法启动院长发现程序，对法律适用确有错误的案件提起再审。人民检察院提出检察建议、抗诉，涉及法律适用标准不统一问题的，应当依法处理，必要时提请审判委员会讨论决定。

20. 规范类案强制检索工作。贯彻落实省法院《关于建立类案强制检索报告制度的规定（试行）》，规范和加强类案、关联案件强制检索制度，推动完善关联案件的识别标注、信息交互、协同处置等机制，避免产生冲突性裁判。定期归纳整理类案检索情况，通过一定形式在本院或辖区内法院公开，供法官办案参考。

五、完善人员分类管理制度

21. 推进员额、编制动态管理。完善员额统筹和动态调整机制，综合考虑地区经济社会发展状况、常住和流动人口数量、人案比等因素，实现精准配额，确保员额配置向基层和人案矛盾突出的法院倾斜。经省法院和省有关部门同意，各中院可以在核定的员额总量范围内，对辖区内法院的员额数量进行统筹分配和动态调整。出现案件数量或工作量发生重大变化等情况的，有关法院可以提出员额调整建议。探索建立符合江苏实际的省以下法院政法专项编制省级统一管理机制。推动在省级层面建立编制和员额信息库，及时更新编制、员额信息，全面掌握变动情况。

22. 健全法官遴选制度。完善法官常态化选任和递补机制，定期开展全省法官入额遴选工作，每年开展法官遴选原则上不少于一次，也可以根据工作需要适时开展遴选。探索推进法官逐级遴选制度，上级法院法官一般从下级法院逐级遴选。初任法官一般到基层法院任职，省法院法官助理初任法官的，也可以根据需要到中级法院任职。员额制实施前在下级法院担任法官达到一定年限，符合现任职法院入额条件，且仍在审判业务部门协助办案的，可以在现任职法院参加入额遴选。探索建立省内跨地区遴选机制，经省法院批准，市、县两级法院可以跨市、县（市、区）遴选法官。

23. 完善员额退出机制。严格落实最高人民法院《人民法院法官员额退出办法（试行）》和《江苏省法官退额、交流、任职管理暂行办法》，规范员额退出程序，促进法官依法履职。加强政治素质考核、办案绩效考核与员额退出机制的衔接，办案质效不达标、入额不办案、能力不胜任等符合退出员额情形的法官及时退出员额。因办案绩效考核不达标、能力不胜任等退出员额的再次申请入额，在期限、条件上从严把握。法官退出员额后需要免除法律职务的，应当及时提请办理相关免职手续。

24. 规范交流任职程序。进一步完善法官交流机制，法官因工作需要，由组织安排调整到非办案岗位或者调离法院系统，退出员额 5 年内重新回到办案岗位且符合入额条件的，可以经省法院批准入额；退出员额超过 5 年的，需回到办案岗位参与办案满 1 年，考核合格并经省法院批准后入额。法官因工作需要到同级或下级法院任职，或者通过干部选拔任用程序选任到上级法院办案岗位，符合该院法官任职条件的，经省法院批准入额。有关入额人员应当按照法定程序重新任命法官职务。进一步完善从律师、专家学者和其他法律工作者中公开选拔法官的工作机制。

25. 规范审判辅助人员、司法行政人员管理。完善法官助理招录管理制度，明确不同培养阶段法官助理岗位职责，探索建立分层培养体系，健全法官助理考核评价体系，科学规划法官助理职业发展路径。健全聘用制书记员的招录、管理机制，加强聘用制书记员经费保障，合理确定聘用制书记员薪酬标准并推动建立动态调整机制，健全与工作绩效挂钩的考核机制。结合公务员职务与职级并行制度，建立健全内部岗位交流机制，拓宽审判辅助人员、司法行政人员的职业发展通道。推动法院司法警察管理体制改革，建立符合司法警务工作特点的管理体制。探索推进法院政务标准改革，提升司法行政事务效能。

26. 完善法官单独职务序列管理制度。完善和落实法官按期晋升制度，推动择优选升常态化，探索对特别优秀或工作特殊需要的一线办案岗位法官开展特别选升。推动完善法官转任审判辅助人员、司法行政人员或者交流到其他党政机关后的职务、职级比照确定标准。法官助理入额担任法官，或者法官转任司法行政人员后重新入额的，根据法官单独职务序列有关规定确定法官等级。做好法官基本养老保险待遇衔接工作，落实法官退休待遇。推动落实与法官单独职务序列相配套的医疗、车补、差旅、办公用房等待遇。

27. 完善司法绩效考评机制。建立健全平时考核、年度考核、分类考核相结合的考核机制。完善法官、法官助理分类考核评价办法，注重结合案件评查、审务督察等情况加强绩效分析研判，考准考实工作业绩和干部表现。强化考核结果综合运用，考核结果记入司法业绩档案，作为奖惩、晋升、调整职务职级和工资、离岗培训、免职、降职、辞退的重要依据，法官考核不合格的，按规定调整岗位、降低等级或者退出员额。按照"突出实绩，奖优罚劣，倾斜一线"的原则，科学分配绩效考核奖金，不与法官职务等级挂钩，注重向一线办案人员倾斜，真正拉开档次，体现差别。探索建立新的江苏法院审判质效指标体系，系统评估、实时监控审判质量效率运行情况。

28. 加强依法履职保护。健全完善法院人员履行法定职责保护机制、受到侵害救济保障制度和不实举报澄清机制。对法院人员及其近亲属实施威胁恐吓、侮辱诽谤、报复陷害、暴力侵害等违法犯罪行为的，应当依法从严惩治，并对法院人员及其近亲属采取必要保护措施。法官因依法履职遭受不实举报的，及时建议有关机关澄清事实真相，消除不良影响，并依法追究相关单位或者个人的责任。进一步规范督查检查考核工作，清理取消不合理、不必要的考评项目和指标，切实为基层减负、为干警减压。

六、优化司法资源配置提升审判效能

29. 优化审判组织体系和工作机制。加大南京法治园区建设力度。加强南京海事法院建设，充分结合江苏海事审判实际推动开展原创性、特色化探索实践。加强南京、苏州知识产权法庭，南京、苏州破产法庭，苏州国际商事法庭建设，打造具有影响力的法治高地。推动中国（江苏）自由贸易试验区专门审判机构建设，健全完善南京、苏州、连云港各片区审判机构工作交流机制，服务保障中国（江苏）自由贸易试验区和“一带一路”交汇点建设。完善人民法院服务保障长三角一体化发展的工作机制，深化长三角地区法院司法协作，提升服务保障长三角一体化发展的协同性、联动性。深化环境资源审判“9+1”机制改革，系统谋划沿江、沿河、沿湖、沿海地区生态环境保护工作，发挥跨区域集中管辖优势，推动环境资源审判工作提档升级，服务保障美丽江苏建设。

30. 优化司法职权配置。适时研究推进中高级法院内设机构改革工作，构建优化协同高效的法院机构职能体系。加强人民法庭建设，优化人民法庭布局，完善巡回审判制度。深化与行政区划适当分离的管辖制度改革，督促、指导尚未实行集中管辖的地区尽快实行行政诉讼案件集中管辖。健全案件移送管辖和提级审理机制，探索将具有法律适用指导意义、关乎社会公共利益的案件交由较高层级法院审理。

31. 深化一站式多元解纷和诉讼服务体系建设。坚持把非诉讼纠纷解决机制挺在前面，完善诉源治理机制，深化法官进网格工作，协助基层单位就地预防、排查、化解矛盾纠纷。畅通线上线下诉讼与非诉讼平台对接渠道，完善江苏微法院、微执行等网上诉讼服务平台，完善矛盾纠纷“一站式接收、一揽子调处、全链条解决”模式。强化“诉讼与非诉讼对接中心”“非诉讼服务分中心”实体化运行，会同司法行政机关充实驻法院人民调解、律师调解、行政调解、公证、仲裁等非诉解纷力量。推进诉前调解前置试点工作，建立非诉讼调解自动履行正向激励机制。推动诉讼服务模式转型升级，强化诉讼服务平台集成、功能集成、机制集成，全面推进跨域立案和跨域诉讼服务改革，推动实现一窗通办、一站全办、跨域联办。全面提升在线调解、保全、鉴定、律师服务、道交一体化、12368 一号通办等平台应用水平，建立健全宣传推广、通报考核机制，提高在线应用率。

32. 推进司法事务集约化、社会化管理。配合内设机构改革，全面推广集约化管理和社会化外包，分离事务性工作。探索建立专门实施文书送达、财产保全、执行查控、文书上网、网络公告等司法辅助事务的工作平台和团队，提升工作效能。充分运用市场化、社会化资源，探索将通知送达、材料扫描、卷宗归档等辅助事务外包给第三方机构，提高办案效率。完善人民法院购买社会化服务工作机制，健全公开竞标、运营监管、业务培训等制度，保障审判辅助事务外包合法合规，服务质量不断提升。

33. 全面深化智慧法院建设。以知识为中心，突出司法数据中台、智慧法院大脑的智慧引擎作用，抓住数据关键，不断丰富司法大数据资源，面向司法人员、诉讼参与人、社会公众和其他部门提供智能化、一体化、协同化、泛在化和自主化智慧法院服务，为更加客观寻找事实、更加精准适用法律提供坚强科技支撑。加强电子卷宗深度应用，提升电子卷宗要素信息提取能力，推进无纸化、智能化办案。推进法官远程查阅电子卷宗正卷功能的开发和应用，提升法官办案便捷性。建设案例检索报告智能生成系统，提升类案检索与智能分析能力。研发司法大数据智能分析平台，推进经济社会发展与矛盾纠纷辅助决策子平台建设，在态势分析、服务决策、风险预警等方面实现突破。加强互联网司法建设，完善“互联网开庭”平台建设，健全远程视频庭审、提讯和数字化出庭等工作的硬件设施建设与软件开发，健全高效、便捷、节约的互联网审判机制。

江苏省高级人民法院　江苏省工商业联合会关于印发《关于建立服务保障民营经济健康发展协作机制的意见》的通知

（苏联发〔2020〕133 号　2020 年 12 月 30 日）

各市中级人民法院、工商联、省工商联直属商会：

为深入贯彻习近平总书记关于民营经济发展的重要论述精神，全面落实党中央、国务院《关于营造更好发展环境支持民营企业改革发展的意见》和省委、省政府实施意见，根据最高人民法院、全国工商联《关于建立健全人民法院与工商联沟通联系机制的意见》，省法院、省工商联结合工作实际，联合制定了《关于建立服务保障民营经济健康发展协作机制的意见》，现予以印发，请认真贯彻执行。

请各地结合实际，抓紧建立健全全省法院和工商联联系协作机制，确保工作机制全面建立并发挥作用。执行中遇到的问题，请及时报省法院和省工商联。

关于建立服务保障民营经济健康发展协作机制的意见

为深入贯彻习近平总书记关于民营经济发展的重要论述精神，全面落实党中央、国务院《关于营造更好发展环境支持民营企业改革发展的意见》和省委、省政府实施意见，根据最高人民法院、全国工商联《关于建立健全人民法院与工商联沟通联系机制的意见》，现就全省各级人民法院和工商联建立服务保障民营经济健康发展协作机制制定如下意见。

1. 健全日常联络机制。加强全省各级

法院和工商联的工作对接,省级日常联络工作由省法院办公室和省工商联法律维权处作为双方牵头部门,各相关业务部门配合做好相关工作,在各自职责范围内负责具体工作的沟通协调。各中基层法院、工商联参照确定具体联系部门和联络员,负责日常沟通联系。

2. 建立信息互通机制。各级法院及时向工商联通报涉及民营经济领域相关司法指导意见和工作举措,发送保护企业产权、职工权益等典型案例,由工商联通过其平台向民营企业推送;各级工商联及时向法院通报民营经济发展中的司法需求和有关信息,反映民营经济发展的相关动态,对法院工作提出意见建议。

3. 建立联席会议机制。定期召开联席会议,研究部署服务保障民营经济发展年度工作计划和具体措施,会商交流关注问题,深入了解民营企业家的意见建议,研究加强和改进工作的有关举措。联席会议根据工作需要由双方商定召开,每年不少于一次,由法院、工商联轮流召集、主持。

4. 建立风险预警机制。各级工商联在日常工作中主动加强对民营企业、行业纠纷的监测、排查和预警,将有关涉诉风险及时通报同级法院;各级法院在审理涉及民营企业的案件中,对发现的民营企业管理漏洞,以及影响民营经济和行业发展的普遍性、倾向性问题,通过向工商联发送司法建议等方式进行风险提示。

5. 完善多元解纷机制。认真落实最高人民法院、全国工商联《关于发挥商会调解优势推进民营经济领域纠纷多元化解机制建设的意见》和省法院、省工商联《民营经济领域纠纷诉调对接工作办法》,建立健全商会调解组织,倡导有条件的地区建立商会调解中心,大力扩充特邀调解员队伍,充分发挥商会调解化解民营经济领域纠纷的重要优势。各级法院充分依托诉讼与非诉讼对接中心、非诉讼服务分中心,引导涉民营经济纠纷当事人优先选择商会调解,及时审查当事人提出的司法确认申请,依法确认商会调解组织调解达成的调解协议的法律效力。依法对商会调解开展业务指导,加大对专、兼职调解员法律知识和调解技能培训力度,加强调解人才队伍建设。

6. 完善民营经济司法保护机制。各级法院在审判执行工作中要树立“依法、平等、全面”保护产权的理念,保护民营经济平等使用生产要素、公开公平参与市场竞争、同等受到法律保护;严格落实民法典的权利保护要求,遵循司法审慎介入原则,依法保护市场主体的自主经营权;坚持依法打击刑事犯罪和保障民营经济发展并重,严厉打击涉民营企业经济犯罪、侵犯知识产权犯罪、黑恶势力犯罪、“盗抢骗”犯罪、食药环领域犯罪以及其他严重侵犯民营企业及经营人员人身安全、财产安全的犯罪,严格遵守罪刑法定、疑罪从无等刑法原则，依法慎用刑事强制措施；发挥行政审判职能，监督和促进行政机关依法行使职权，依法纠正违法行政行为，维护民营经济主体行政相对人合法权益；强化民营企业的执行兑现，规范财产保全、司法拘留及失信惩戒措施，依法保护涉案民营企业家人身财产安全和市场信用。

7. 探索建立民营企业司法重整工作机制。加强民营企业破产司法保障，完善破产程序启动机制和破产企业识别机制，积极引导产能落后、资不抵债的民营企业依法有序退出市场，实现优胜劣汰。加强各级法院和工商联在民营企业破产重整、破产和解中的信息互通和支持配合，依法助力民营企业脱困重生、提质增效。

8. 建立联合调研机制。根据工作实际需要，对影响民营经济发展的相关司法问题开展联合调研，及时提出司法对策，共同推动解决民营企业实际困难。共同开展地区营商环境涉司法工作相关指标的评估工作，找准制约民营经济发展、影响营商环境的突出问题，为地方党委政府决策提供参考。共享涉民营企业司法调研成果，推动民营企业履行社会责任评价指标体系建设。

9. 完善民主监督机制。各级法院积极推动民营企业家、工商联和商会工作人员担任特约监督员、人民陪审员。各级工商联加强对民营企业、商会等相关单位工作人员的教育培训，提高意见建议质量。

10. 完善普法宣传机制。充分利用媒体加强法治宣传，促进全社会充分认识民营经济在社会主义市场经济体系中的重要地位和作用，共同关注民营企业在产业结构调整、产能升级过程中遇到的法律风险和障碍，保护民营企业在稳定增长、促进创新、增加就业、改善民生方面的积极性。落实"谁执法谁普法"普法责任制，通过共同举办法律讲座、组织旁听庭审、发布典型案例、集中法律咨询等多种形式，加强法治宣传教育，增强民营企业及其管理人员的法治意识、契约精神和守约观念，引导民营企业依法经营，健康发展。

江苏省高级人民法院印发《关于充分发挥审判职能作用切实贯彻〈中华人民共和国长江保护法〉的具体意见》的通知

（苏高法〔2021〕26号　2021年3月1日）

各市中级人民法院，南京海事法院，徐州铁路运输法院，各基层人民法院，本院各部门：

《江苏省高级人民法院关于充分发挥审判职能作用切实贯彻〈中华人民共和国长江保护法〉的具体意见》已经省法院党组讨论通过，现将其印发给你们，请认真贯彻执行。

关于充分发挥审判职能作用切实贯彻《中华人民共和国长江保护法》的具体意见

为深入学习贯彻习近平生态文明思想和习近平法治思想，认真落实《最高人民法院关于贯彻〈中华人民共和国长江保护法〉的实施意见》，充分发挥审判职能作用，保障长江保护法的统一正确实施，结合我省法院工作实际，制定本意见。

一、切实增强司法保障责任感使命感

1. 深刻认识贯彻长江保护法的重大意义。贯彻实施长江保护法是全省法院深入学习贯彻习近平生态文明思想和习近平法治思想，增强“四个意识”、坚定“四个自信”、做到“两个维护”，践行“两山”理念的重要体现；是落实长江大保护战略，推进长江流域生态环境保护和绿色发展的重要举措；是服务江苏生态文明建设争当表率、争做示范、走在前列的重要职责。全省法院要切实提高政治站位，深入贯彻落实习近平总书记重要讲话指示精神，切实做好长江保护法实施工作，依法保障长江经济带高质量发展。

2. 准确把握贯彻长江保护法的基本要求。坚持长江保护法生态优先、绿色发展的战略定位，突出共抓大保护、不搞大开发的基本要求。领会长江保护法根据长江流域特点和突出问题所采取的特别制度措施目的，保障长江保护各项重大政策、重大规划的有效落实。把握特别法优于普通法等法律适用基本原则，确保长江保护法准确实施。

3. 自觉担负贯彻长江保护法的使命责任。坚持在国家长江流域协调机制的统一指导、统筹协调下开展长江流域案件审判工作。将“严”的基调贯彻到长江保护法实施全过程，加大对长江流域生态环境破坏违法犯罪行为惩治力度，切实增强长江保护法的刚性和权威性，用最严格制度最严密法治保护长江生态环境。按照“恢复性司法实践＋社会化综合治理”要求，把保护和修复长江流域生态环境放在压倒性位置，加强山水林田湖草整体保护、系统修复，促进环境保护与经济发展协同共生。

二、充分发挥环境资源审判职能作用

4. 加强长江流域刑事案件审理。加大罚金刑适用力度，严格非监禁刑适用条件，依法严惩破坏长江生态环境犯罪和管理秩序犯罪，切实保障长江流域自然资源和生态环境安全。依法严惩污染长江犯罪，根据生态环境的敏感性，重点打击污染水生生物重要栖息地、饮用水水源地、珍贵野生动植物集中分布区和集中栖息地等流域区域的犯罪行为。依法严惩长江流域重点水域非法捕捞犯罪，重点审理长江十年禁渔相关案件，以零容忍态度严厉打击非法捕捞犯罪活动，重点打击使用毁灭性手段电鱼、毒鱼、炸鱼等危险方法或灭绝式工具实施非法捕捞行为，全链条打击非法捕捞，斩断非法产业链。依法严惩长江非法采砂等涉矿产资源犯罪，根据长江流域非法采矿犯罪行为对生态环境造成多重损害的典型特征，针对实施、运输、销售等各环节犯罪行为，精准落实罪刑相适应要求。

5. 加强涉长江流域公益诉讼和生态环境损害赔偿诉讼案件审理。严格贯彻民法典绿色原则，依法支持国家规定的机关或者法律规定的组织提起公益诉讼和生态环境损害赔偿诉讼。把握公益诉讼特点，提升司法主动性，遵循“环境有价、损害担责”原则，持续探索环境民事公益诉讼程序规则，增强审判对公益诉讼目的的规范引导功能，体现长江流域法律保护特殊要求。

6. 加强涉长江流域行政案件审理。强化司法监督，严格依照行政诉讼法要求，监督行政机关依法履行长江保护法定职责。强化矛盾化解，高度重视涉长江大保护的重点水域退捕、重点区域退养、长江岸线腾退、重点地区危险化学品生产企业搬迁改造所引发争议的矛盾化解工作，加强源头预防、前端化解、关口把控，加大对诉源治理指导，有效化解矛盾。强化支持配合，充分发挥非诉行政案件审查执行职能作用，严格依照行政强制法、行政诉讼法的相关规定，积极探索涉长江保护行为罚的执行方式，依法支持行政机关履行保护长江职责。强化联动互动，推动环境资源司法与行政执法体系协同配合，统一行政执法和司法标准，提升长江流域环境资源综合治理能力。注重对长江保护相关案件的研究分析，及时发现执法中存在的问题，有针对性地提出司法建议。

7. 加强有效修复环境的裁判执行方法运用。加大对涉长江保护生效裁判的执行力度，广泛运用增殖放流、补植复绿、劳务代偿等执行方式，提升司法裁判推动环境修复结果的可视性。正确认识生态环境保护和经济发展的辩证统一关系，准确把握技改抵扣、分期缴纳执行方式适用条件，充分彰显法律的引领和约束作用，促进产业转型升级，保障长江流域绿色发展。

8. 加强生态环境司法修复各项机制建设。持续推进南京长江新济州等生态环境司法研究修复基地建设，努力将其建设成为恢复性司法实践、环境司法专门化研究、环境司法宣传的平台。积极探索规范、便捷、高效的生态环境修复资金使用办法，建立环境民事公益诉讼修复资金运用常态化机制，与有关部门密切协作，结合修复基地建设需求，提出分类处置办法，保障受损生态环境得到及时有效修复。

三、探索创新司法保护体制机制

9. 健全完善新型环境资源审判体系和审判机制。贯彻落实中办、国办《关于构建现代环境治理体系的指导意见》，巩固深化环境资源审判“9 + 1”机制改革，推动长江江苏段司法保护探索性、创新性、引领性发展，为设立专门性环境资源法院积累经验、创造条件。进一步完善长江流域跨行政区划管辖制度，加强对跨行政区划案件审判工作的指导和协调，保障长江保护法的统一实施。

10. 积极探索创新环境资源裁判规则和方法。统筹发挥刑事、民事、行政审判和执行作用，提炼长江保护法适用规则和裁判规则。完善专业性事实查明规则，发挥专家库作用，吸收对长江流域生态环境保护有专长的专家组成专家库，推进探索技术调查官制度，充分发挥专家辅助人作用，合理分配举证责任，确保事实认定的准确性和客观性。

四、提升司法保护能力水平

11. 强化组织领导。各级法院党组担负起为长江大保护战略实施提供司法保障的主体责任，党组书记、院长作为一线总指挥，既要亲自部署，又要挂帅出征。分管领导要认真履行一岗双责，确保目标任务圆满完成。要分解工作任务，逐项明确工作目标、责任单位、责任人员和完成期限，压紧压实工作责任。

12. 强化队伍建设。担负环境资源审判任务的法院，要按照刑事民事行政案件“三合一”审理要求，进一步充实环境资源审判力量，培养土壤、大气、水体、生态保护法律问题专家，锻造高素质专业化审判队伍。

13. 强化司法协作。落实最高人民法院要求，统筹做好对青海省环境资源司法工作的对口支援工作，推进长三角生态司法保护一体化建设，凝聚长江上下游环境司法保护合力，提升长江流域环境司法服务保障水平，努力实现长江保护法司法裁判尺度统一。

14. 强化司法宣传。通过清晰的司法裁判标准，正确阐释长江保护法的内涵，利用“六五”环境日、宪法日、环境资源法庭开放日等时间节点，组织公开开庭、公开宣判、发布典型案例，加强长江保护法宣传教育，吸引社会公众关注和参与长江大保护，增强社会公众保护长江生态环境法治意识和行动自觉，为长江大保护进一步营造良好社会氛围。

被告人王建受贿案

（2021）参阅案例6号

【裁判摘要】

法院对认罪认罚从宽应主动作全面审查。被告人虽然签署认罪认罚具结书，但人民法院经审查认为被告人有赔偿能力却拒不退赃退赔、赔偿损失、预交罚金的，不应认定被告人有“认罚”情节，不能适用认罪认罚从宽制度。

【相关法条】

1.《中华人民共和国刑事诉讼法》第十五条　犯罪嫌疑人、被告人自愿如实供述自己的罪行，承认指控的犯罪事实，愿意接受处罚的，可以依法从宽处理。

第一百九十条　开庭的时候，审判长查明当事人是否到庭，宣布案由；宣布合议庭的组成人员、书记员、公诉人、辩护人、诉讼代理人、鉴定人和翻译人员的名单；告知当事人有权对合议庭组成人员、书记员、公诉人、鉴定人和翻译人员申请回避；告知被告人享有辩护权利。

被告人认罪认罚的，审判长应当告知被告人享有的诉讼权利和认罪认罚的法律规定，审查认罪认罚的自愿性和认罪认罚具结书内容的真实性、合法性。

第二百零一条　对于认罪认罚案件，人民法院依法作出判决时，一般应当采纳人民检察院指控的罪名和量刑建议，但有下列情形的除外：

（一）被告人的行为不构成犯罪或者不应当追究其刑事责任的；

（二）被告人违背意愿认罪认罚的；

（三）被告人否认指控的犯罪事实的；

（四）起诉指控的罪名与审理认定的罪名不一致的；

（五）其他可能影响公正审判的情形。

人民法院经审理认为量刑建议明显不当，或者被告人、辩护人对量刑建议提出异议的，人民检察院可以调整量刑建议。人民检察院不调整量刑建议或者调整量刑建议后仍然明显不当的，人民法院应当依法作出判决。

2.《最高人民法院关于适用〈中华人民共和国刑事诉讼法〉的解释》第三百四十七条　刑事诉讼法第十五条规定的“认罪”，是指犯罪嫌疑人、被告人自愿如实供述自己的罪行，对指控的犯罪事实没有异议。

刑事诉讼法第十五条规定的“认罚”，是指犯罪嫌疑人、被告人真诚悔罪，愿意接受处罚。

被告人认罪认罚的，可以依照刑事诉讼法第十五条的规定，在程序上从简、实体上从宽处理。

【点评】

认罪认罚从宽制度适用中，如何把握“认罚”情节，是当前刑事审判中的热点和难点问题。根据最高人民法院、最高人民检察院、公安部、国家安全部印发的《关于适用认罪认罚从宽制度的指导意见》中规定，被告人虽然表示“认罚”，却暗中串供、干扰证人作证、毁灭、伪造证据或者隐匿、转移财产，有赔偿能力而不赔偿的，不能认定具有“认罚”情节。在控辩双方一致认为被告人具有“认罪认罚”情节的情况下，法院在审理过程中需结合证据全面审查，准确适用法律。法院经审查认为检察机关认定认罪认罚情节不当的，应当进行必要的法庭调查、法庭辩论，充分听取控辩双方的意见，并向被告人释明相应的法律后果。本案被告人虽然在审查起诉阶段签署认罪认罚具结书，但在对外享有债权的情况下却一直不退出受贿赃款，归案后其银行卡账户余额也未用于退赃、缴纳财产刑，法院依法不予认定被告人的“认罚”情节，准确地适用了认罪认罚从宽制度，对今后类似案件的处理具有重要的参考作用。

公诉机关：泰州市姜堰区人民检察院。

被告人：王建，男，56岁，户籍地江苏省泰州市姜堰区，原任泰州市姜堰区教育局职业教育与社会教育科科长。2019年2月25日因涉嫌受贿罪被留置，同年6月25日被刑事拘留，7月8日被逮捕。

泰州市姜堰区人民检察院以被告人王建犯受贿罪，向泰州市姜堰区人民法院提起公诉。

公诉机关指控：被告人王建利用担任泰州市姜堰区教育局职社科科长的职务便利，在统筹协调管理职业教育工作、成人教育工作等方面为他人谋取利益，索取或者非法收受他人财物，价值人民币448000元。公诉机关认为，被告人王建身为国家工作人员，利用职务上的便利，索取他人财物或者非法收受他人财物，为他人谋取利益，数额巨大，其行为触犯了《中华人民共和国刑法》第九十三条第一款、第三百八十五条第一款、第三百八十六条、第三百八十三条的规定，应当以受贿罪追究其刑事责任。

被告人王建对起诉书指控的犯罪事实和罪名均无异议。

被告人王建的辩护人认为：(1)起诉书指控被告人王建收受张某、王某、华某、金某、杨某贿赂25000元的事实系感情投资，数额未超过30000元，不应认定为受贿事实，应当从犯罪数额中扣减；(2)被告人归案后如实供述自己的罪行，自愿认罪认罚，建议对其从宽处理。

泰州市姜堰区人民法院一审审理查明，被告人王建于2006年春节前至2019年春节后，利用担任泰州市姜堰区教育局职社科科长的职务便利，在统筹协调管理职业教育工作、成人教育工作、社会力量办学许可、年检、评估、考核、监督管理等方面为他人谋取利益，索取或者非法收受他人财物，价值人民币448000元。其中：

被告人王建于2010年春节前至2015年春节前，利用对民办非学历教育机构日常监督、管理和年检的职务便利，为泰州市姜堰区锦都幼儿园在管理等方面谋取利益，先后6次非法收受该机构负责人张某贿赂的价值人民币12000元的购物卡。

被告人王建于2011年春节前至2014年春节前，利用其对民办非学历教育机构日常监督、管理和年检的职务便利，为泰州市姜堰区金色摇篮潜能开发婴幼园在管理等方面谋取利益，先后4次非法收受该机构负责人王某贿赂的价值人民币4000元的购物卡。

被告人王建于2013年春节前至2014年春节前，利用其对民办培训机构日常监督、管理和年检的职务便利，为泰州市姜堰区巨人教育培训中心在管理方面谋取利益，先后2次非法收受该机构负责人华某贿赂的价值人民币3000元的购物卡。

被告人王建于2015年春节前至2019年春节前，利用对成人教育日常监督和管理的职务便利，为娄庄镇成人教育中心校在管理等方面谋取利益，先后5次非法收受该校校长金某贿赂的价值人民币4000元的超市购物卡。

被告人王建于2016年春节前的一天，利用其对民办培训机构日常监督、管理和年检的职务便利，为泰州市姜堰区新起点教育培训中心在管理等方面谋取利益，在其家中，非法收受该中心负责人杨某贿赂的价值人民币2000元的超市购物卡。

另查明，被告人王建将部分受贿款用于赌博。被告人王建于2019年2月25日被泰州市姜堰区监察委员会采取留置措施，如实供述自己的犯罪事实。审查起诉阶段，被告人王建签署认罪认罚具结书。

泰州市姜堰区人民法院一审审理认为：

被告人王建身为国家工作人员，利用职务上的便利，索取或非法收受他人财物，为他人谋取利益，或利用本人职权或者地位形成的便利条件，通过其他国家工作人员职务上的行为，为请托人谋取不正当利益，索取或收受请托人财物，数额巨大，其行为已构成受贿罪，依法应予以惩处。被告人具有索贿情节，依法从重处罚；被告人如实供述自己的犯罪事实，依法可以从轻处罚；被告人将部分赃款用于非法活动，可以酌情从重处罚。被告人自愿认罪，可酌情从轻处罚。

被告人王建的辩护人提出“公诉机关指控被告人王建收受张某、王某、华某、金某、杨某贿赂25000元的事实所依据的部分书证存有瑕疵，相应数额不足30000元，不能认定承诺为他人谋取利益，系感情投资，应予核减”的意见，经查，公诉机关所指控的被告人王建收受贿赂的事实，有被告人王建稳定的供述，与证人证言、书证相互印证，已形成完整的证据锁链，足以认定。本案被告人王建系教育局职业教育与社会教育科科长，统筹协调管理姜堰职业教育、成人教育、社会力量办学，给予被告人王建数额较大财物者，与被告人王建在日常职务活动中关系紧密，谋利事项有的已经通过职务行为得以实现，有的具有对职务行为施加影响的意图，谋求被告人王建在权限内对现行或将来请托事项予以关照，且无证据证明双方存在人情往来，实质是权钱交易，其行为符合受贿犯罪构成要件，故对此意见不予采纳。

关于辩护人提出“被告人认罪认罚”的意见，经查，被告人王建在审查起诉阶段，确实签署了认罪认罚具结书，公诉人提起公诉时，量刑建议书中认定其具有认罪认罚情节。但在案件审理过程中查明，被告人王建职务犯罪既遂，其在案发前对外仍享有债权，归案后银行卡账户余额也未用于退赃、缴纳财产刑，直至一审宣判前，被告人都没有退赃表现，被告人亲属也没有代其积极退赃，故不宜认定被告人具有认罚情节，公诉机关当庭撤回对其认罚情节的认定，法院予以支持，对辩护人相关辩护意见不予采纳。对辩护人提出“被告人王建归案后如实供述犯罪事实，自愿认罪，建议法庭从轻处罚”的意见，予以采纳。

据此，依照《中华人民共和国刑法》第九十三条第一款，第三百八十五条第一款，第三百八十八条，第三百八十六条，第三百八十三条第一款第二项、第二款，第六十七条第三款，第六十四条及《最高人民法院、最高人民检察院关于办理贪污贿赂刑事案件适用法律若干问题的解释》第二条第一款之规定，泰州市姜堰区人民法院于2019年8月27日作出(2019)苏1204刑初293号刑事判决：

一、被告人王建犯受贿罪，判处有期徒刑四年，并处罚金人民币三十八万元。

二、责令被告人王建退出赃款四十四万八千元，予以没收，上缴国库。

一审判决后，被告人未上诉，公诉机关未抗诉，一审判决已经发生法律效力。

案例报送单位：泰州市姜堰区人民法院
一审合议庭成员：周庆典、代西华、徐绕松
报送人：吴晓蓉、周庆典、李　渊
审稿人：戴鲁霖

孙飞诉国电集团公司、国电光伏公司职务发明创造发明人、设计人奖励、报酬纠纷案

（2021）参阅案例7号

【裁判摘要】

1. 获取职务发明奖励和报酬，是发明人完成职务发明创造而享有的法定权利。在专利权有效期限内，被授予专利权的单位向第三方有偿转让该专利的，应当认为该转让行为也是一种推广行为，是实现专利权收益的重要形式。单位未与职务发明人约定报酬的方式和数额，单位的规章制度中也没有相关规定的，职务发明人以《中华人民共和国专利法实施细则》第七十八条为依据，主张单位从该专利的转让费中提取不低于10%作为报酬的，人民法院应予支持。

2. 大型企业集团采取知识产权集中管理模式，由集团公司对发明创造的研发和归属做统一安排和决定，导致研发主体和权利主体相分离的，职务发明人主张被授予专利权的集团公司与负责具体研发的子公司共同支付职务发明奖励和报酬的，人民法院应予支持。

【相关法条】

1.《中华人民共和国专利法》（2008年修正）第十六条　被授予专利权的单位应当对职务发明创造的发明人或者设计人给予奖励；发明创造专利实施后，根据其推广应用的范围和取得的经济效益，对发明人或者设计人给予合理的报酬。

2.《中华人民共和国专利法实施细则》第七十六条　被授予专利权的单位可以与发明人、设计人约定或者在其依法制定的规章制度中规定专利法第十六条规定的奖励、报酬的方式和数额。

企业、事业单位给予发明人或者设计人的奖励、报酬，按照国家有关财务、会计制度的规定进行处理。

第七十七条　被授予专利权的单位未与发明人、设计人约定也未在其依法制定的规章制度中规定专利法第十六条规定的奖励的方式和数额的，应当自专利权公告之日起3个月内发给发明人或者设计人奖金。一项发明专利的奖金最低不少于3000元；一项实用新型专利或者外观设计专利的奖金最低不少于1000元。

由于发明人或者设计人的建议被其所属单位采纳而完成的发明创造，被授予专利权的单位应当从优发给奖金。

第七十八条　被授予专利权的单位未与发明人、设计人约定也未在其依法制定的规章制度中规定专利法第十六条规定的报酬的方式和数额的，在专利权有效期限内，实施发明创造专利后，每年应当从实施该项发明或者实用新型专利的营业利润中提取不低于2%或者从实施该项外观设计专利的营业利润中提取不低于0.2%，作为报酬给予发明人或者设计人，或者参照上述比例，给予发明人或者设计人一次性报酬；被授予专利权的单位许可其他单位或者个人实施其专利的，应当从收取的使用费中提取不低于10%，作为报酬给予发明人或者设计人。

【点评】

科技是国家强盛之基，创新是民族进步之魂。现代科技创新模式是资金加人才的双擎驱动，我国职务发明制度的本意在于充分调动职务发明人与单位双方的创新积极性，提高创新能力。但在现实生活中，由于单位与职务发明人的地位并不对等，职务发明人的利益往往难以得到真正落实。尤其是在知识产权集中管理模式下，发明创造的研发主体与权利主体往往是分离的，使职务发明人无法确定职务发明奖励和报酬的责任主体。为了保护职务发明，鼓励创新，应平衡发明人、研发主体和权利主体之间的利益，加大对职务发明人合法权益的保护。本案基于企业集团与相关成员公司的意思具有一致性、行为具有统一性、利益具有共同性，认定企业集团和相关成员公司负有共同向职务发明人支付奖励和报酬的义务，有利于引导单位建立鼓励员工创新的长效机制，是司法护航科技创新的生动体现。

原告：孙飞，44岁，汉族，住安徽省濉溪县五沟镇镇直机关。

被告：国电科技环保集团股份有限公司，住所地北京市海淀区西四环中路16号院1楼11层1101室。

被告：国电光伏有限公司，住所地江苏省宜兴市经济技术开发区东氿大道。

原告孙飞因与被告国电科技环保集团股份有限公司（以下简称国电集团公司）、国电光伏有限公司（以下简称国电光伏公司）职务发明创造发明人、设计人奖励、报酬纠纷一案，向苏州市中级人民法院提出诉讼。

原告孙飞请求判令：（1）国电集团公司按照涉案专利转让价的10%支付报酬，金额为291267元；（2）国电集团公司按照涉案专利的利润的50%支付发明人奖励与报酬，金额为47887.24元；（3）国电集团公司支付发明人奖励3000元；（4）国电集团公司支付律师费1万元；（5）国电光伏公司对上述债务承担连带责任；（6）诉讼费用由被告承担。

两被告共同答辩称：（1）孙飞不是适格的发明人。据科研团队介绍，孙飞在涉案专利科研活动中从事的是辅助工作，不是核心工作。（2）孙飞的起诉已过诉讼时效。关于孙飞主张的3000元奖金部分，应从涉案专利权公告之日起3个月届满之日起算，即2016年6月16日起算，已超过3年的诉讼时效。关于报酬部分，涉案专利转让的是65%的份额，应从专利交易挂牌之日即2016年5月27日起算，也超过了3年的诉讼时效。（3）本案涉及的是国电集团公司委托王伟明为代表的科研团队进行的研发，国电集团公司与科研团队关于报酬、奖励都有相应的约定和安排。科研团队具有高度的独立性，如果孙飞发明人身份可以确定，那么其奖励、报酬应从科研团队持有的35%专利份额中予以解决。本案孙飞的主张实质上属于科研团队的内部分配问题，与两被告无关。因此，请求驳回孙飞全部诉讼请求。

苏州市中级人民法院经审理，认定事实如下：

国电集团公司成立于1993年5月24日，国电光伏公司［原名国电光伏（江苏）有限公司］成立于2010年4月29日，系国电集团公司的全资子公司。经营范围包含太阳能电池组件及其相关产品的研发、制造、销售等。

2010年6月22日，国电集团公司与砷化镓太阳能电池研发团队（该团队包括朱忻、杨军、王伟明）签订《国电科技环保集团砷化镓太阳电池研究团队人才引进协议》（以下简称《人才引进协议》），由乙方加入甲方砷化镓太阳能电池的研究团队，甲方为乙方研究砷化镓太阳能提供资金、研究设备。协议期限自2010年5月30日至2013年5月30日。同年10月24日，国电光伏（江苏）有限公司与孙飞签订《劳动合同书》，合同期限自2011年10月24日至2014年10月24日，孙飞从事技术类岗位工作。2012年8月21日，国电集团公司向国家知识产权局申请名为“薄膜光伏电池的制备方法”的发明专利（以下简称涉案专利），于2016年3月16日获得授权，专利权人为王伟明、国电集团公司，发明人为王伟明、胡双元、孙飞、程雪梅。2017年8月11日，该专利变更专利权人为德融科技公司、王伟明。

2013年5月13日，国电光伏公司与孙飞签订《保密协议》一份，约定双方因“国电集团砷化镓电池项目”事项缔结保密协议，约定了孙飞对于国电光伏公司的商业秘密具有保密义务，且国电光伏公司向孙飞支付的报酬或工资中已包含保密费。

2013年6月26日，国电集团公司（甲方）与砷化镓太阳能电池研发团队（乙方）签订《国电科技环保集团砷化镓太阳能电池研发及产业化合作框架协议》一份。协议中约定乙方系指由王伟明、杨军为核心成员共同组成的砷化镓太阳能电池研发团队，乙方成员包括乙方核心成员及除乙方核心成员之外的其他成员。甲方或其所属国电光伏公司将作为本协议的投资主体。乙方继续按照2010年签订的《人才引进协议》约定的砷化镓太阳能电池的研究和产业化工作，甲方继续提供资金和设备并与乙方共同进行研究及产业化合作。在该协议第2.3.4.2条中约定“乙方除核心成员之外的其他成员，享受甲方同等员工或约定的薪酬和福利待遇，薪酬由每月岗位津贴和年终绩效考核奖励两部分组成”。

2014年10月24日，国电光伏公司与孙飞签订劳动合同，合同期限自2014年10月24日至2017年10月23日，该合同第二条约定，孙飞从事公司相关岗位（工种）工作。

2015年10月22日，国电集团公司出台《关于修订〈国电科技环保集团股份有限公司科技创新成果奖励办法〉的通知》（以下简称《奖励办法》），该通知中载明

"公司所属及控股各单位:根据公司发展需求……对奖励设置、奖励额度等方面进行了修订,现引发给你们,请遵照执行。"《奖励办法》第三条:本办法适用于公司各类研发机构及公司所属各控股企业的各类科研活动取得的科研成果。第七条:知识产权奖励下设五个奖项……发明专利奖授予申报并获得国家知识产权局发明专利授权的单位和个人(转让类专利除外),发明专利奖励1万元/件。

2016年4月1日,孙飞从国电光伏公司离职。

2016年4月5日,国电集团公司与王伟明签订《协议书》一份,双方确认对砷化镓太阳能电池技术研究形成的研究成果的知识产权属于双方按份共有,国电集团公司占有上述知识产权65%份额,王伟明占有35%份额。该协议所指的知识产权包含了涉案专利在内。北京中企华资产评估有限公司以2016年4月15日为评估基准日,对包含涉案专利在内的共计13项知识产权的市场价格进行评估,出具资产评估报告,评估显示13项知识产权的价值为4530.82万元。13项知识产权中,包括9项专利权和4项专利申请权,4项专利申请权均是发明专利申请权,其中有2项为同日申请,对应的实用新型专利权均已获授权,剩余9项知识产权中有发明专利5项,实用新型专利4项(包含了前述2项同日申请)。12项知识产权为转让方和自然人按份共有,转让方占有65%份额,自然人占有35%份额,1项知识产权为转让方单独占有。

2016年4月27日,国电集团公司对上述13项知识产权中的65%份额进行挂牌转让,挂牌价格为2945.2万元,基于挂牌期间未征集到意向受让方,后于同年5月26日再次挂牌,挂牌价格2194.5万元。同年7月18日,德融科技公司以2194.5万元价格受让了上述知识产权。并于同年8月11日办理知识产权权利人变更登记手续。2018年8月25日,孙飞发邮件至国电光伏公司邮箱,请求该公司帮其讨要职务成果的署名权等。

庭审中,国电集团公司陈述,基于国电光伏公司系其子公司,属于其集团公司的下属单位,因此在包括涉案专利在内的知识产权归属等问题上系由国电集团公司进行统一的布局与安排。国电光伏公司对此予以确认。

苏州市中级人民法院归纳出本案争议焦点为:(一)关于涉案专利奖励、报酬是否已过诉讼时效的问题;(二)原告孙飞是否有权向两被告主张涉案发明专利的奖励、报酬;(三)原告孙飞主张的职务发明奖励、报酬数额的确定。

一、关于涉案专利奖励、报酬是否已过诉讼时效的问题

本案中，国电集团公司只就职务发明奖励制定了规章制度，未对职务发明报酬进行约定或作出规定。因而，职务发明奖励的诉讼时效期间和职务发明报酬诉讼时效期间应当分别适用不同的确定方式。

关于职务发明奖励诉讼时效，根据国电集团公司《奖励办法》第十三条的规定，涉案专利获得授权的日期2016年3月16日，奖励申请评奖材料的时间应该为2017年1月10日，职务发明奖励诉讼时效起算点也应该是2017年1月10日。关于职务发明报酬诉讼时效，2016年7月18日，德融科技公司于2016年8月11日办理涉案知识产权权利人变更登记手续，该日期应为原告孙飞知道或应当知道其有权主张报酬的诉讼时效起算点。但本案存在诉讼时效中断的事由，即孙飞在2018年8月25日曾向国电集团公司有关人员的邮箱发送过邮件，属于主张权利的行为，诉讼时效期间应从2018年8月25日起重新计算，职务发明奖励和职务发明报酬诉讼时效中断后重新起算的届满时间均在2021年8月以后。

二、原告是否有权向两被告主张涉案发明专利的奖励、报酬

首先，原告孙飞系涉案专利的职务发明人。原告孙飞与被告国电光伏公司之间存在劳动合同关系。据国家知识产权局颁发的涉案专利的授权文本记载，原告系涉案专利第三顺位发明人。两被告辩称原告仅从事辅助性工作，但未能提交涉案专利研发过程等相关证据予以证明，况且本案系职务发明创造发明人奖励、报酬纠纷，并非发明人署名权纠纷，故对两被告的该项辩解不予采纳。

其次，原告孙飞主张职务发明奖励报酬的基本条件已成就。根据《中华人民共和国专利法》第十六条“被授予专利权的单位应当对职务发明创造的发明人或者设计人给予奖励；发明创造专利实施后，根据其推广应用的范围和取得的经济效益，对发明人或者设计人给予合理的报酬”的规定可知，职务发明人对发明创造获得专利权后的报酬请求权系产生于专利权本身，而不依附于专利权人。换言之，专利权根据权利享有的主体不同，可分成专利权人享有的权利和发明人享有的权利，专利权人享有专利所有权、处分权及部分收益权；职务发明人享有职务发明的优先受偿权及部分收益权，其享有的部分收益权以奖励和报酬的形式体现。职务发明被转让，转让的是原专利权人所享有的权利，但不应影响职务发明人所享有的权利，该权利应包括发明人应获得的报酬收益权。而且，

只要职务发明报酬实现的基本条件成就，职务发明人就可以主张报酬。本案中，涉案专利系原告孙飞在国电光伏公司工作期间作出的职务发明，涉案专利亦有偿转让给了案外第三人德融科技公司，职务发明报酬实现的基本条件已成就。故对于原告孙飞要求支付奖励、报酬的主张应予支持。

最后，原告孙飞有权要求国电光伏公司和国电集团公司共同支付职务发明的奖励和报酬。国电光伏公司系国电集团公司的子公司，下属企业均处于集团管控体系下，国电集团公司对于砷化镓项目的推进以及与之相关的专利权的归属均具有统一的安排权与决定权，专利权的投资主体与权利主体相分离。国电集团公司无偿取得并转让涉案专利取得经济效益，国电光伏公司在此过程中亦获得间接经济利益，在受益方面二者具有共同性。故转让涉案专利的行为，应视为国电集团公司与国电光伏公司的共同行为，两被告应共同承担支付报酬的责任。此外，从鼓励发明人发明创造的角度，也应认定两被告共同向原告孙飞支付职务发明创造发明人的奖励、报酬。同时，基于涉案专利的受让方德融科技公司并非《中华人民共和国专利法》第十六条规定的“被授予专利权的单位”，因此，原告孙飞在向两被告主张了职务发明奖酬之后，不具备再向涉案专利的受让方主张专利实施后报酬的权利。

三、原告孙飞主张的职务发明奖励、报酬数额的确定

对于职务发明奖励数额，《中华人民共和国专利法实施细则》第七十六条规定，被授予专利权的单位可以与发明人、设计人约定或者在其依法制定的规章制度中规定专利法第十六条规定的奖励、报酬的方式和数额。企业、事业单位给予发明人或者设计人的奖励、报酬，按照国家有关财务、会计制度的规定进行处理；第七十七条规定，被授予专利权的单位未与发明人、设计人约定也未在其依法制定的规章制度中规定专利法第十六条规定的奖励的方式和数额的，应当自专利权公告之日起 3 个月内发给发明人或者设计人奖金。一项发明专利的奖金最低不少于 3000 元；一项实用新型专利或者外观设计专利的奖金最低不少于 1000 元。

根据本案查明的现有事实，国电集团公司就《中华人民共和国专利法》第十六条规定的奖励的方式和数额，专门制定了相应的规章制度，并且该规章制度适用于国电集团公司各类研发机构及公司所属各控股企业，在此情况下，对于双方当事人因发明人或者设计人的奖励发生的争议，根据国电集团公司制定的规章制度进行确定。国电集团公司规定了发明专利每件奖

励1万元，高于法定的每件3000元的标准，故国电集团公司规章制度中规定的标准可予适用。涉案专利共有4名发明人，原告孙飞属于第三发明人，参考发明人的顺位情况，酌情确定两被告应当向孙飞支付的奖励数额为2500元。

对于职务发明报酬数额，由于国电集团公司制定的规章制度未涉及职务发明报酬的计算方式和数额，原被告双方没有对此进行约定，故应当根据《中华人民共和国专利法》及《中华人民共和国专利法实施细则》等相关规定予以确定。《中华人民共和国专利法》《中华人民共和国专利法实施细则》明确规定，单位自己实施专利或许可他人实施专利应当给予发明人或设计人报酬，但并未就转让专利情形下应否支付报酬作规定，但在其他法律中有对转让职务技术成果的相关规定。《中华人民共和国合同法》第三百二十六条中规定，法人或者其他组织应当从使用和转让该项职务技术成果所取得的收益中提取一定比例，对完成该项职务技术成果的个人给予奖励或者报酬。从职务发明创造奖酬制度的立法本意看，是要给予知识产权的职务发明人或者设计人与其实际贡献相当的报酬，该报酬的实质是发明人或者设计人应当获得的创造性劳动成果的报酬。转让是专利权的处分方式之一，和许可他人实施专利权一样，亦是单位实现专利权收益的形式之一，为实现发明人的财产权，单位应当从转让所取得的收益中提取一定比例作为发明人或设计人的报酬，这也符合科技成果转化实施的目的。

《中华人民共和国专利法实施细则》第七十八条规定，被授予专利权的单位未与发明人、设计人约定也未在其依法制定的规章制度中规定专利法第十六条规定的报酬的方式和数额的……被授予专利权的单位许可其他单位或者个人实施其专利的，应当从收取的使用费中提取不低于10%，作为报酬给予发明人或者设计人。鉴于转让和许可均是专利权人实现专利收益的方式，两者具有相似性，故在专利转让的情形下，可参照《中华人民共和国专利法实施细则》第七十八条的规定，被告应当从转让涉案专利权收取的转让费中提取不低于10%作为报酬。

原告孙飞主张涉案专利属于13项专利中的核心专利，价值系其他发明专利的3倍，但未提交证据予以证明，同时主张涉案专利的价值系其他实用新型专利价值的9倍，亦未提交证据予以证明，故对原告孙飞的上述主张均不予采信。包括涉案专利在内的共计13项知识产权65%份额的转让价为2194.5万元，但评估报告和转让价中均未明确每项知识产权的金额，因此综合考虑13项知识产权中有两项专利为同日申请，涉案专利为发明专利，涉案专利有四位发明人，原告孙飞为第三发明人，且专利转让需扣除一定的税费等因素，参考转让价10%的比例，酌情确定被告应向原告孙飞支付的报酬为4万元。

原告孙飞另主张按照涉案专利利润的50%计算报酬，但涉案专利已转让至案外人名下，并非由被告进行实施转化，且原告孙飞也未能举证证明被告有相应利润，因此原告孙飞的这一主张于法无据，不能成立。

关于原告孙飞主张的合理费用，因本案属于奖励报酬请求权纠纷，并非专利侵权纠纷，故原告孙飞的该主张缺乏法律依据，不予支持。

据此，依照《中华人民共和国民法总则》第一百八十八条、第一百九十五条，《中华人民共和国专利法》第十六条等规定，苏州市中级人民法院于2020年5月8日作出（2019）苏05知初1041号民事判决：

一、被告国电科技环保集团股份有限公司、国电光伏有限公司于本判决生效之日起十日内支付原告孙飞职务发明奖励、报酬42500元；

二、驳回原告孙飞的其余诉讼请求。

一审判决后，双方当事人均未上诉，一审判决发生法律效力。

案例报送单位：苏州市中级人民法院
一审合议庭成员：庄敬重、徐飞云、张小全
报送人：徐飞云
审稿人：缪 芳

玄霆娱乐公司诉吉乾科技公司、四三九九网络公司侵害作品改编权纠纷案

（2021）参阅案例8号

【裁判摘要】

电子游戏与小说是不同的作品表达方式，在著作权纠纷中判断二者是否构成实质性相似，不能仅以被控侵权游戏使用涉案小说独创性内容文字数量的比重作为标准，应综合判断游戏是否使用了小说中独创性表达的人物、人物关系、故事情节等元素，并考虑小说中独创性内容在游戏中所占比重。人民法院可通过对游戏资源库文件进行反编译，提取其中的内容与涉案小说的内容进行比对，以辅助确定游戏使用小说中独创性内容的比重。

【相关法条】

《中华人民共和国著作权法》（2010年修正）第十条　著作权包括下列人身权和财产权：

…………

（十四）改编权，即改变作品，创作出具有独创性的新作品的权利；

…………

第十二条　改编、翻译、注释、整理已有作品而产生的作品，其著作权由改编、翻译、注释、整理人享有，但行使著作权时不得侵犯原作品的著作权。

第四十七条　有下列侵权行为的，应当根据情况，承担停止侵害、消除影响、赔礼道歉、赔偿损失等民事责任：

…………

（六）未经著作权人许可，以展览、摄制电影和以类似摄制电影的方法使用

作品，或者以改编、翻译、注释等方式使用作品的，本法另有规定的除外；

…………

第四十九条　侵犯著作权或者与著作权有关的权利的，侵权人应当按照权利人的实际损失给予赔偿；实际损失难以计算的，可以按照侵权人的违法所得给予赔偿。赔偿数额还应当包括权利人为制止侵权行为所支付的合理开支。

权利人的实际损失或者侵权人的违法所得不能确定的，由人民法院根据侵权行为的情节，判决给予五十万元以下的赔偿。

【点评】

本案涉及手机游戏侵犯文字作品改编权的认定问题，属于新类型案件。改编是在原作品的基础上，通过改变作品的用途或形式，对原作品中独创性的表达进行再创作而创作出的新作品。小说和电子游戏是两种不同的作品表达方式，小说由文字构成，人物形象的塑造、人物关系的设置、故事情节的展开均是通过文字表述展现的。而电子游戏由游戏引擎和游戏资源库构成，其中游戏资源是指游戏中各种素材的集合，包括图像、文字、声音、音乐、动画等，为最终呈现在玩家面前的效果所用。正是因为文字表达在小说和电子游戏中发挥的作用不同，客观上，游戏不可能像小说一样，利用大段的文字来表现故事情节，故不能仅以文字数量来否定游戏利用了小说的基本表达。

本案判决明确了游戏作品侵犯他人对文字作品改编权的认定规则，判断二者是否构成实质性相似时，应综合判断游戏是否使用了小说中独创性表达的人物、人物关系、故事情节等元素，还要考虑该游戏所利用的小说中独创性的内容在该游戏中的所占比重。因手机游戏体量大、更新快，所需取证周期较长，权利人的维权成本较高。本案中法院采纳了权利人通过技术手段对游戏软件资源库进行反编译的做法，以反编译后提取的内容，辅助判断被控侵权游戏利用文字作品中的独创性表达在游戏作品中所占的比重。本案为如何认定手机游戏侵犯文字作品改编权提供了思路，有助于人民法院在审理类似案件时提高审判效率、降低权利人维权成本，是司法维护文化创意产业健康发展、妥善处理涉互联网著作权保护新问题的生动实践，被评为最高人民法院2020年度知识产权十大案例之一。

原告：上海玄霆娱乐信息科技有限公司，住所地在中国（上海）自由贸易试验区碧波路690号4幢501室。

被告：四三九九网络股份有限公司，住所地在福建省厦门市厦门火炬高新区软件园二期望海路2号楼202室。

被告：成都吉乾科技有限公司，住所地在四川省成都高新区大源东街30号1层。

上海玄霆娱乐信息科技有限公司（以下简称玄霆娱乐公司）因与四三九九网络股份有限公司（以下简称四三九九网络公司）、成都吉乾科技有限公司（以下简称吉乾科技公司）侵害作品改编权纠纷一案，向徐州市中级人民法院提起诉讼。

玄霆娱乐公司诉称：原告经受让取得小说《斗罗大陆》的改编权，并通过自行改编及授权第三方改编的方式行使改编权，已推出同名网络游戏。2016年年初，原告发现被告四三九九网络公司在其运营的4399手机游戏网上发布了一款名为《新斗罗大陆（神界篇）》的手机游戏软件，该手游宣传页面中显示开发商为被告吉乾科技公司，同时标注了"……这款策略游戏《新斗罗大陆》就是以网络人气作家唐家三少的同名小说《斗罗大陆》为原型的作品"等信息。经原告调查发现，不仅游戏人物名称大量来自涉案小说《斗罗大陆》，而且游戏剧情也与小说《斗罗大陆》内容完全一致。原告认为，二被告在未获得原告授权也未与原告协商权利转让的情况下，擅自将涉案小说改编为手机游戏并在网上大肆宣传推广，供网络用户下载，构成了对原告作品改编权的侵犯，并给原告带来了极大的经济损失。因实施被诉侵权行为的网络服务器位于徐州市，玄霆娱乐公司向徐州市中级人民法院提起诉讼，请求判令：（1）四三九九网络公司、吉乾科技公司立即停止《新斗罗大陆（神界篇）》游戏的宣传推广；（2）四三九九网络公司、吉乾科技公司立即停止《新斗罗大陆（神界篇）》游戏的运营；（3）四三九九网络公司、吉乾科技公司在4399手机游戏网首页（网址：www.4399.cn）顶部通栏位置刊登不小于长960px×宽120px大小的声明以消除影响，声明的刊登时间不少于30日，声明显示范围为全国，并不得采取任何技术措施干扰该声明的显示范围；（4）吉乾科技公司赔偿玄霆娱乐公司因侵权所致经济损失2000万元；（5）吉乾科技公司承担玄霆娱乐公司为制止侵权所付出的合理费用52500元（含律师费50000元，公证费1500元，打印费1000元）；（6）四三九九网络公司、吉乾科技公司承担本案的诉讼及其他费用。

四三九九网络公司辩称：（1）涉案游戏系吉乾科技公司提供至4399平台，四三九九网络公司对涉案游戏中是否存在涉嫌侵权的内容并不了解，且四三九九网络公司已经进行了相应的资质审核，尽到了审查义务，主观上没有过错。(2)玄霆娱乐公司主张的系改编权，属财产性权利，并非人身性权利，其消除影响的诉请于法无据，不应予以支持。

吉乾科技公司辩称：(1)玄霆娱乐公司提交的保全证据公证书存在重大程序瑕疵，不应被采信，其主张的侵权事实缺乏依据。(2)吉乾科技公司合法享有将唐家三少的小说《斗罗大陆外传：神界传说》改编为手机游戏并进行运营的权利，该小说为小说《斗罗大陆》的外传，二者在主要人物名称、形象和关系，人物的武功、技能、道具以及故事情节等方面具有一定的一致性和相关性，且为了表现该“外传”与正篇之间的承接关系，少量使用《斗罗大陆》小说中的某些元素作为背景补充，属于对涉案作品的合理使用。(3)小说《斗罗大陆》共12部，近300万字，而被控侵权游戏内容中相似的文字数量仅5000~6000字；被控侵权游戏仅主线任务就有140关，而玄霆娱乐公司主张侵权的关卡数仅15关。无论是被控侵权内容在涉案小说中的占比，还是在被控侵权游戏中的占比均不足以认定构成实质性相似。(4)玄霆娱乐公司诉请的赔偿金额明显过高，缺乏事实和法律依据。

徐州市中级人民法院一审审理查明：

《斗罗大陆》系唐家三少创作的奇幻小说，2008年12月首发于“起点中文网”。《斗罗大陆》实体书由陕西出版集团、太白文艺出版社于2011年10月出版发行，全书共12册，约264万字。玄霆娱乐公司经受让取得该小说在全球范围内的游戏改编权。

《斗罗大陆外传：神界传说》系唐家三少于2015年3月创作的《斗罗大陆》外传系列小说。吉乾科技公司经其母公司成都哆可梦网络科技股份有限公司授权取得将小说《斗罗大陆外传：神界传说》改编开发成手机游戏的权利。

2015年11月25日，吉乾科技公司将计算机软件《新斗罗大陆(神界篇)游戏软件》[简称《新斗罗大陆(神界篇)》]V2.0进行了作品登记，登记的开发完成日期为2015年6月20日，权利取得方式为原始取得。

2016年1月20日，四三九九网络公司(甲方)与吉乾科技公司(乙方)就上述游戏的运营推广签订《〈新斗罗大陆(神界篇)〉推广分成合作协议》。2016年1月22日，该游戏开始正式运营。庭审中，吉乾科技公司陈述其于2016年5月28日对《新斗罗大陆(神界篇)》进行了包括开放龙神传说、开放红包功能、开放暗器系统、文字调整等较大幅度的调整,并于2016年7月变更游戏名称为《斗罗大陆(神界传说)》。

根据吉乾科技公司提交至深圳交易所的《成都哆可梦网络科技股份有限公司审计报告》以及玄霆娱乐公司提交的深圳交易所的回复邮件,《新斗罗大陆(神界传说)》2016年联合运营充值流水金额为56388353元,自主运营的充值流水金额为46566939元,合计102955292元,确认的营业收入金额为35513295.38元,营业成本13673414.02元。母子公司所有产品营业收入165195988.03元,营业成本20560905.2元,母子公司2016年度净利润为33502452.9元。吉乾科技公司主张上述"新斗罗大陆之神界传说"对应的营业收入包含涉案游戏《新斗罗大陆(神界篇)》以及2016年7月变更后的《斗罗大陆(神界传说)》。

应玄霆娱乐公司申请,上海市黄浦公证处实施了证据保全行为,并于2016年3月18日出具(2016)沪黄证经字第3788号公证书。庭审中,玄霆娱乐公司提供了与上述公证书对应的、盖有上海市黄浦公证处公章及上海市黄浦公证处外调材料专用章、落款日期为2016年3月16日的工作记录。第3788号公证书所附光盘主要记录了下载《新斗罗大陆(神界篇)》、通关游戏第1~17章的全过程。

徐州市中级人民法院一审审理认为:

一、关于涉案第3788号保全证据公证书应否被采信的问题

涉案第3788号保全证据公证书程序合法,结果真实可信,可以作为认定本案事实的依据。根据涉案第3788号公证书及公证视频,被控侵权游戏自4399手机游戏网下载,游戏显示的开发商为吉乾科技公司,取证手机下载的被控侵权游戏可以作为下一步实质性相似比对的对象。

二、关于吉乾科技公司、四三九九网络公司是否侵犯了玄霆娱乐公司对小说《斗罗大陆》享有的游戏改编权的问题

根据《中华人民共和国著作权法》第十条第一款第十四项的规定,著作权人享有对作品的改编权,即改变作品,创作出具有独创性的新作品的权利。本案中,玄霆娱乐公司经受让合法享有《斗罗大陆》小说在全球范围内的游戏改编权。改编,是指在原有作品的基础上,通过改变作品的表现形式或用途,创作出具有独创性的新作品的行为。因此,改编应是使用了原作品的独创的基本表达,且所利用的独创性表达应在改编作品中占有重要的地位、构成改编作品的基础或实质内容,这是改编行为与原创行为的区别。就本案而言,如

被控侵权游戏使用了小说《斗罗大陆》具有独创性的表达，且其所使用的内容达到了一定的程度，在游戏中占有重要地位，则构成对涉案小说改编权的侵犯，反之，则不构成侵权。

将被控侵权游戏与小说《斗罗大陆》相比较，有以下四个方面的相似之处：(1)作品名称：被控侵权游戏与涉案小说的名称均包含"斗罗大陆"。(2)人物和魂兽：结合游戏对人物的文字介绍，被控侵权游戏与涉案小说存在对应关系的人物和魂兽有 34 个。(3)技能：融合技之幽冥白虎、海神之光、乱披风锤法等 8 种。(4)故事情节与细节：涉案小说自第 16 章结尾部分开始至第 38 章部分，讲述了唐三和小舞来到史莱克学院报名，并通过考核顺利进入学院，与戴沐白以及新结识的奥斯卡、马红俊、朱竹清、宁荣荣组成史莱克七怪，并一起在学院里跟随弗兰德、赵无极、玉小刚等老师学习修炼的故事。经对比，被控侵权游戏除主情节与涉案小说第 16 章结尾部分至第 38 章的故事情节相似外，第 2 ~ 4 章、第 6 ~ 17 章的具体情节亦与涉案小说中的相应内容基本相似。同时，在细节描写方面，被控侵权游戏中有多处与涉案小说相同或相似。

作品名称是对作品内容的高度概括，影响作品内容的取舍、艺术调度和表达形式，体现作者的艺术品位和风格，因此对于作品来说具有重要影响。角色名称、魂兽名称、技能贯穿整个故事，出现频率非常高，整个作品都是由这些角色的故事展开。至于故事情节，该部分故事讲述了史莱克七怪相识并逐渐建立友谊的过程，同时史莱克七怪第一次在作品中集体出现，该部分情节是后续故事情节发展的基础。故上述游戏作品名称、人物名称、魂兽、技能、故事情节综合到一起足以构成涉案小说独创的基本表达。需要说明的是，仅仅使用作品名称、人物、魂兽、技能方面，而与情节无涉时，一般不作为著作权予以保护；但这并不意味着，当上述因素在作品情节中出现的频率较高，对情节的说明、表达、展开具有重要影响时，上述因素绝对不能作为对比对象。此时，作品名称、人物、魂兽、技能应作为情节的一部分与被控侵权作品进行对比。

被控侵权游戏系卡牌类对战游戏，采用了关卡剧情的主要挑战模式，玩家们将进入小说剧情中，根据主角的成长故事一路走下去。其中人物、技能构成了游戏的基本框架，贯穿游戏始终；取证的 17 个章节虽然只是整个游戏的部分章节，但却是整个游戏的前 17 个章节，在此部分中，唐三、小舞、戴沐白、奥斯卡、朱竹清、马红俊、宁荣荣、弗兰德等主要角色逐一登场，人物的个性和关系均在此体现，对于引出后续人物和故事有着重要作用，因此，足以认定《斗罗大陆》独创的基本表达在涉案游戏中占重要地位，并构成游戏的基础和实质内容，应认定涉案游戏构成对涉案小说改编权的侵犯。

吉乾科技公司虽提出了其合法享有将小说《斗罗大陆外传：神界传说》改编为手机游戏并进行运营的权利，基于"外传"与正篇之间的承接关系，二者在主要人物名称、形象和关系，人物的武功、技能、道具以及故事情节等方面具有一定的一致性和相关性，且少量使用《斗罗大陆》小说中的某些元素作为背景补充，属于对涉案作品的合理使用的抗辩意见，但认定被控侵权游戏采用了《斗罗大陆》小说的独创性表达，并非单独基于人物、技能，而是基于涉案游戏使用了人物、技能、故事情节等元素整体构成的涉案小说的基本表达。《斗罗大陆外传：神界传说》讲述的是史莱克七怪飞升为神后在神界发生的故事，而《斗罗大陆》讲述的是史莱克七怪在斗罗大陆相识相知，战胜一切困难，从魂师逐步成长为封号斗罗，并最终战胜武魂殿的故事，二者在故事情节方面存在明显不同。通过前述分析，可以明显发现被控侵权游戏的前 17 章除前序、第 1 章、第 6 章少量涉及《斗罗大陆外传：神界传说》的内容外，与其基本无关联。被控侵权游戏使用涉案小说中的情节系以营利而非公益目的，使用的数量众多、所使用的内容在原作品中也具有重要地位，能够与涉案作品产生市场替代、相互竞争的商业后果，何况玄霆娱乐公司对涉案小说享有的权利恰为游戏改编权，被控侵权游戏的使用方式无疑对玄霆娱乐公司通过自行改编或许可他人改编的方式而可能获得的经济利益产生重要影响。因此，涉案游戏显然不符合合理使用之情形，吉乾科技公司的该项抗辩理由不能成立。

根据四三九九网络公司和吉乾科技公司签订的《〈新斗罗大陆（神界篇）〉推广分成合作协议》以及涉案保全证据公证视频，四三九九网络公司系涉案游戏的运营商，即将改编完成后的作品置于其所有的网络平台，并加以运营管理，因此可以认定四三九九网络公司并未实施将涉案小说改编为涉案游戏的创作行为。而本案中，玄霆娱乐公司主张的仅为侵犯游戏改编权的行为，因此，无论四三九九网络公司在其网络平台中向公众提供涉案游戏的行为是否正当，因发生在改编行为完成之后，在玄霆娱乐公司未提供证据证明"涉案改编行为系四三九九网络公司与吉乾科技公司通过分工协作的方式所实施的，或四三九九网络公司明知或应知吉乾科技公司未经许可实施改编行为而提供便利条件"的情况下，均不属于侵害涉案游戏改编权的行为，故对玄霆娱乐公司要求四三九九网络公司承担侵害游戏改编权的相应责任的诉请不予支持。

三、关于吉乾科技公司的责任承担问题

吉乾科技公司侵犯了玄霆娱乐公司对涉案小说享有的游戏改编权，应依法承担停止侵权、赔偿损失等民事责任。鉴于根据吉乾科技公司提交的证据，涉案游戏的名称、内容均已发生变更，判令其停止侵权已无必要。

关于本案的赔偿额，根据《中华人民共和国著作权法》第四十九条的规定，侵犯著作权或者与著作权有关的权利的，侵权人应当按照权利人的实际损失给予赔偿；实际损失难以计算的，可以按照侵权人的违法所得予以赔偿。赔偿数额还应包括权利人为制止侵权行为所支付的合理开支。权利人的实际损失或者侵权人的违法所得不能确定的，由人民法院根据侵权行为的情节，判决给予50万元以下的赔偿。审计报告显示，吉乾科技公司因改编行为所获得的收益明显超过50万元的法定赔偿最高额，法院根据涉案小说的知名度、玄霆娱乐公司对涉案作品享有的权利类型、吉乾科技公司对涉案小说的利用方式、被控侵权游戏的运营情况及玄霆娱乐公司为维权所支付的合理开支等因素，酌情确定吉乾科技公司赔偿玄霆娱乐公司经济损失500万元。关于玄霆娱乐公司消除影响的诉请，因作品的改编权系财产性权利，且现有证据亦未显示吉乾科技公司的侵权行为显著降低了涉案小说的社会评价，本案并无判令消除影响的必要，对玄霆娱乐公司的该项诉请，不予支持。

综上，依照《中华人民共和国著作权法》第九条、第十条第十四项、第十二条、第二十二条第一款第二项、第四十九条，《最高人民法院关于审理著作权民事纠纷案件适用法律若干问题的解释》第七条第一款、第二十五条第二款，《中华人民共和国民事诉讼法》第六十四条、第六十九条，《最高人民法院关于适用〈中华人民共和国民事诉讼法〉的解释》第九十三条第一款第七项规定，徐州市中级人民法院作出（2016）苏03民初369号民事判决：

一、被告成都吉乾科技有限公司于本判决生效之日起二十日内赔偿原告上海玄霆娱乐信息科技有限公司经济损失及合理开支共计500万元；

二、驳回原告上海玄霆娱乐信息科技有限公司的其他诉讼请求。

一审判决后，吉乾科技公司不服，向江苏省高级人民法院提起上诉，主要上诉理由为：（1）吉乾科技公司不侵犯玄霆娱乐公司对涉案作品的游戏改编权。首先，吉乾科技公司享有游戏改编权的《斗罗大陆外传（神界传说）》是涉案作品的外传，在主要人物名称、形象和关系，人物武功、技能、道具以及故事情节与涉案作品具有一定的一致性属正常现象，在侵权判定的相似性比对时应当予以排除；其次，涉案游戏与小说相似文字数量只有几千字，而小说共有近300万字，所占比重极小，不能反映出涉案作品的基本脉络和主要情节。（2）一审判决赔偿数额过高。综上，请求撤销一审判决，改判驳回玄霆娱乐公司的全部诉讼请求或将本案发回重审。

江苏省高级人民法院经二审审理，确认了一审查明的事实。

二审另查明：在江苏省高级人民法院（2018）苏民终1163号玄霆娱乐公司诉成都哆可梦网络科技股份有限公司、四三九九网络公司、完美世界控股集团有限公司、完美世界（重庆）互动科技有限公司侵害著作权纠纷案中，关于双方争议的《斗罗大陆（神界篇）》V1.0版被控侵权游戏，玄霆娱乐公司通过对（2015）沪黄证经字第23180号公证书及（2016）沪黄证经字第2566号公证书所附光盘中的涉案游戏软件包android.m4399.v90002.apk、20151228.apk分别进行解压，使用notepad++软件打开解压后\assets\src\app\data文件夹中dup_chapter.luac文件，并进行转换格式，该文件中显示的“吃饭睡觉打戴悦”第2～18部分对应的文字内容均与（2015）沪黄证经字第23181号公证书中被控侵权游戏《斗罗大陆（神界篇）》V1.0版第1～17章的章节前、后的剧情描述文字内容完全相同，“吃饭睡觉打戴悦”第19～71部分对应的章节标题与老虎游戏网上公布的《斗罗大陆（神界篇）》V1.0版游戏主线副本的第18～70章的章节名称完全一致。

“斗罗大陆神界传说正版手游”公众号显示，2016年4月21日涉案游戏服务器数量达到100个，2017年1月13日服务器数量达到339个。

针对吉乾科技公司的主要上诉理由，江苏省高级人民法院二审审理认为：

一、吉乾科技公司侵害了玄霆娱乐公司涉案作品的游戏改编权

依照法律规定，改编是在原作品的基础上，通过改变作品的用途或形式，对原作品中独创性的表达进行再创作而创作出的新作品；改编已有作品，其著作权由改编权人享有，但行使著作权时，不得侵犯原作品的著作权。改编作品应满足两个构成要件：第一，改编行为必须使用原作品中独创性的表达；第二，改编行为需对原作品进行独创性改变而创作出新作品，新作品具有相同或不同的表达方式。小说是以文字形

式表现的作品，通常是在特定的人物形象、特定的人物关系设置的基础上，与人物融合的情节安排相搭配，并将人物关系以及人物融合的情节安排以一定的逻辑连贯、编排而呈现故事发展的整体。电子游戏是人机交互的游戏，其构成包括游戏引擎和游戏资源库。游戏引擎是为运行某一类游戏的机器而设计，能够被机器识别的代码集合；游戏资源是指游戏中各种素材的集合，包括图像、文字、声音、音乐、动画等，为最终呈现在玩家面前的效果所用。游戏引擎则是按游戏设计的规则调用这些资源。在游戏软件运行过程中，玩家通过控制游戏设定的角色，按照游戏设定的规则进行操作，逐渐在界面上呈现出由人物角色、人物关系、技能等元素融合预设的故事情节。电子游戏与小说是不同的表达方式，判断二者是否构成实质性相似时，应综合判断其是否使用了小说中独创性表达的人物、人物关系、故事情节等元素，还要考虑该游戏所利用的小说中独创性的内容在该游戏中的所占比重。

就本案而言，首先，涉案《斗罗大陆》小说中人物和魂兽角色，被涉案作品作者赋予了特定性格，融入了特定人物关系，带入了特定故事情节，贯穿整个作品始终，出现频率非常高，对于作品来说具有重要影响。人物角色、魂兽角色、技能方面元素以及结合人物关系、魂兽关系、故事情节等，反映了作者精心的取舍、选择、安排和设计，体现了作者的艺术品位和风格，吸引了众多读者，因而属于涉案《斗罗大陆》小说独创性的基本表达，应受著作权法的保护。故对吉乾科技公司关于涉案《斗罗大陆》小说中“人物和魂兽”等元素不受著作权保护，在比对时应予排除的上诉主张，不予支持。

其次，涉案游戏与《斗罗大陆》小说作品构成实质性相似。（1）涉案游戏属于大型游戏，体量较大，仅公证涉案游戏第1～17章，即用时10个工作日，如对所有章节进行公证，玄霆娱乐公司需要支出巨大成本，且对玩家也有较高要求，无疑增加了权利人举证难度和维权成本，有违公平、效率原则。（2）涉案游戏与涉案《斗罗大陆》小说二者表达方式不同，不能仅以其使用涉案《斗罗大陆》小说文字数量来判断二者是否构成实质性相似。涉案《斗罗大陆》实体书共有12册，约264万文字。但考虑到游戏软件通常包含游戏资源库，故在判断被诉游戏使用的比重时，可以通过对游戏资源库文件进行反编译后，提取其中的内容与涉案小说的内容进行比对，以辅助确定游戏是否使用了文字作品的有关内容。在关联案件审理中，玄霆娱乐公司对经过公证的《斗罗大陆（神界篇）》V1.0版安装包程序解压后，对其资源库文件夹中的文件进行反编译，得到的文件中第19～71部分对应的章节标题与老虎游戏网上公布的《斗罗大陆（神界篇）》V1.0版主线副本的第18～70章的章节名称完全一致，基于反编译后得到的文件中第2～18部分对应的文字内容与经视频完整公证的被诉游戏第1～17章的章节前、后的剧情描述文字内容完全相同，据此，法院认为反编译后得到的文件中第19～71部分对应的文字内容即为被诉游戏第18～70章的章节前、后的剧情描述部分，该部分剧情内容可以作为实质性相似的比对对象。最终经比对，法院认为《斗罗大陆（神界篇）》V1.0版解压文件中还原出的主线剧情内容均来源于小说《斗罗大陆》。本案被诉游戏《新斗罗大陆（神界篇）》V2.0版系《斗罗大陆（神界篇）》V1.0版的升级版，其内容完全覆盖了V1.0版，因此，法院认为《斗罗大陆（神界篇）》V2.0版的主线剧情内容均来源于小说《斗罗大陆》。（3）人物和魂兽名称、技能等元素是涉案游戏的重要组成部分，贯穿游戏始终，出现频率非常高，还影响着故事整体框架，且前17章在游戏中属于基础性章节。从人物和魂兽名称来看，被诉游戏中人物和魂兽名称与涉案《斗罗大陆》小说中的人物和魂兽名称完全相同；从技能来看，被诉游戏中技能与涉案《斗罗大陆》小说中的技能基本相一致；从故事情节来看，第3788号公证书公证的游戏主要情节与涉案小说自第16章结尾部分开始至第38章部分情节基本相同，故事情节发展的先后顺序亦相同。如被诉游戏其他章节未使用《斗罗大陆》小说中的上述元素，吉乾科技公司可以提供反证证明，但在诉讼中其并未提供相反证据予以推翻。综合考虑上述事实和相关因素，根据民事诉讼高度盖然性的证明标准，可以认定被诉游戏大量使用了涉案《斗罗大陆》小说中人物和魂兽名称、人物关系、技能和故事情节等元素，一审判决认定被诉游戏与涉案《斗罗大陆》小说构成实质性相似，并无不当。被诉游戏与涉案《斗罗大陆》小说是不同的表达方式，吉乾科技公司以被诉游戏使用涉案小说文字数量极低为由主张二者不构成相似，于法无据。

此外，涉案《斗罗大陆》小说讲述的是史莱克七怪在斗罗大陆相识、相知，战胜一切困难，由人修炼为神的故事；《斗罗大陆外传神界传说》是《斗罗大陆》的衍生作品，讲述史莱克七怪在神界所发生的故事。根据涉案第3788号公证书记载，被诉侵权游戏的主线副本前17章除前序、第1章、第5章少量涉及《斗罗大陆外传神界传说》的内容外，大量使用了涉案《斗罗大陆》小说中独创性的内容。故吉乾科技公司关于其获得《斗罗大陆外传:神界传说》移动游戏改编权,不侵犯涉案《斗罗大陆》作品的游戏改编权的上诉主张,不能成立。

最后,吉乾科技公司系一家集网络游戏研发、运营、销售一体的大型企业。在案证据显示,涉案《斗罗大陆》文字作品于2008年12月首发于“起点中文网”,《斗罗大陆》实体书于2011年10月由陕西出版集团、太白文艺出版社出版发行,文学价值及社会影响力较高,系具有较高知名度的玄幻小说。据此,可以认定吉乾科技公司在被诉游戏开发之前已接触了涉案作品。

综上,吉乾科技公司未经玄霆娱乐公司许可开发涉案游戏,侵害了玄霆娱乐公司享有的涉案作品游戏改编权。

二、一审判决确定的赔偿数额适当

就本案而言,玄霆娱乐公司请求赔偿损失人民币2000万元及合理开支52500元,根据在案证据,尽管难以精准计算吉乾科技公司因使用涉案作品的侵权获利,但即便从低考量,吉乾科技公司获利亦明显逾500万元。一审法院综合考虑《斗罗大陆》小说知名度、游戏行业特点、吉乾科技公司的侵权性质、主观过错程度、经营规模及玄霆娱乐公司的合理维权费用等因素,酌定吉乾科技公司赔偿数额500万元,并无不当。

据此,吉乾科技公司的上诉请求不能成立,应予驳回;一审判决认定事实清楚,适用法律正确,应予维持。依据《中华人民共和国民事诉讼法》第一百七十条第一款第一项规定,江苏省高级人民法院作出(2018)苏民终1164号民事判决:

驳回上诉,维持原判。

案例报送单位:省法院知识产权审判庭

一审合议庭成员:张　蕾、李为帆、崔　悦

二审合议庭成员:曹美娟、何永宏、张长琦

编报人:张长琦、崔　悦

审稿人:戴鲁霖

南京市人民检察院诉王玉林非法采矿生态破坏民事公益诉讼案

(2021)参阅案例9号

【裁判摘要】

1.非法采矿对生态资源会造成复合性危害，不仅造成国家矿产资源损失，还对开采区域包括生物栖息地在内的多个生态系统要素造成破坏，侵权者应当承担赔偿责任。损失的具体数额难以确定时，人民法院可结合生态破坏的程度、要素的功能、外部影响等因素，并参考相关专家意见，予以合理确定。

2.生态环境应当整体保护、系统修复，生态环境修复方案应充分考虑生态环境结构功能定位，强化山水林田湖草沙协同治理理念。针对破坏生态进行的修复，人民法院应考量不同生态要素所受实际影响，并从恢复生态环境功能的角度综合判断。修复方案经专家充分论证后，人民法院可在裁判中对恢复、维持生态环境要素正常功能发挥和恢复、保护生物多样性的范畴作出区分，并直接对修复项目和目标予以明确。

【相关法条】

1.《中华人民共和国侵权责任法》第六条　行为人因过错侵害他人民事权益，应当承担侵权责任。

2.《最高人民法院关于审理环境民事公益诉讼案件适用法律若干问题的解释》第二十一条　原告请求被告赔偿生态环境受到损害至恢复原状期间服务功能损失的，人民法院可以依法予以支持。

第二十三条　生态环境修复费用难以确定或者确定具体数额所需鉴定费用明显过高的，人民法院可以结合污染环境、破坏生态的范围和程度、生态环境的稀缺性、生态环境恢复的难易程度、防治污染设备的运行成本、被告因侵害行为所获得的利益以及过错程度等因素，并可以参考负有环境保护监督管理职责的部门的意见、专家意见等，予以合理确定。

第二十四条第一款　人民法院判决被告承担的生态环境修复费用、生态环境受到损害至恢复原状期间服务功能损失等款项，应当用于修复被损害的生态环境。

【点评】

长江岸线是支撑长江经济带发展的重要资源，其生态环境的有效保护和统一治理对于维护长江流域生态系统的稳定具有重要作用。本案中，被告在长江沿岸非法露天采矿，不仅造成国家矿产资源损失，还破坏了原始植被，林、草的减少又影响到水土涵养，山体、植被的破坏又直接、间接地破坏了飞禽走兽的栖息地，进而影响到生物多样性。本案认定非法采矿行为不仅会造成矿产资源的损失，更是对生态系统要素的破坏，深化了在审理资源破坏类案件中对导致生态环境系统要素损失的认识。同时，本案裁判正确区分了赔偿款项的性质，首次在非法采矿公益诉讼案中将生物栖息地作为重要的生态保护和修复目标，并采用酌定方式确定生物栖息地损失，在修复方案认定和裁判方法上全面体现生态环境要素的系统修复和一体保护，为长江流域生态环境保护及修复等类案的审理创立了生态要素系统化保护裁判规则，提供了科学路径，并引导侵权人足额预交生态修复费用及相关事务性费用，为案件的妥善审理及修复方案的实施提供了有效保证。本案入选2020年度人民法院十大环境资源典型案件，对引导公众树立正确的生态文明观，系统守护长江流域生态环境发挥了积极作用。

公益诉讼起诉人：南京市人民检察院。

被告：王玉林，男，40岁，汉族，住江苏省南京市浦口区。

公益诉讼起诉人南京市人民检察院因被告王玉林生态破坏民事公益诉讼一案，向南京市中级人民法院提起民事公益诉讼。

南京市人民检察院诉称：王玉林在未取得采矿许可证的情况下，于2015年至2016年期间，进入南京市浦口区永宁镇老山林场原山林二矿老宕口内（以下简称1号开采点），非法开采泥灰岩、泥页岩合计78147吨，开采的矿产品价值1953675元；于2017年至2018年期间，在南京市浦口区北沿山大道（以下简称2号开采点）建设施工时，非法开采灰岩65501.5吨，泥灰岩、泥页岩23867.2吨,开采的矿产品价值2502323.6元。王玉林非法采矿刑事案件已由南京市玄武区人民法院受理,该案审理期间,王玉林退赔矿石资源款4455998.6元。江苏省环境科学研究院对非法采矿事件造成的生态环境损害进行评估并出具《"南京市浦口区王玉林等人非法采矿案"生态环境损害评估报告》(以下简称《损害评估报告》)及《生态环境损害(动物类)补充说明》(以下简称《补充说明》),对生态资源损失作出评估,具体包括:(1)生态资源的经济损失中林木的直接经济损失861750元。(2)生态系统功能受到影响的经济损失:①森林涵养水损失440233元;②水土流失损失50850元;③土壤侵蚀损失81360元;④树木放氧量减少损失64243元;⑤鸟类生态价值损失243122元;⑥哺乳动物栖息地服务价值损失18744元。(3)修复期间生物多样性的价值损失132810元。综上,王玉林非法采矿致使国家资源和生态环境遭受破坏,社会公共利益严重受损,应当承担侵权责任,故依法提起民事公益诉讼,请求法院判令:(1)王玉林赔偿矿山及植被生态损害修复费用共计1893112元;(2)王玉林支付损害评估等事务性费用400000元。

王玉林答辩意见:(1)其已充分认识到非法采矿行为的危害性,愿意赔偿非法采矿造成的矿产资源损失和生态环境损失,在本案审理过程中已经足额预缴了公益诉讼起诉人诉请的各项费用,请求法院充分考虑其认识错误的积极态度。(2)对《损害评估报告》及《补充说明》有两点意见:①植被遭到破坏的损失计算方法存在缺陷。1号开采点和2号开采点植被覆盖情况不一致,而林木的经济损失计算方法为面积乘以单价,报告中采用的单价系20年树木单价,该计算方法不科学。②鸟类种子传播收益损失方面计算存在缺陷。《补充说明》载明两处位点生境栖息地观察到242只林鸟,将该林鸟单只年活动范围以巢穴为中心点,辐射面积为10亩,故单只林鸟年活动范围的面积按10亩计算。国家发展和改革委员会公布的公益林飞机播种价格为50元/亩,计算出鸟类种子传播收益损失242000元。该计算方法计算出的2420亩面积并非都是空白地等着鸟播种,非法采矿地区原有的树木也可以待种子成熟时自然落地,种子发芽取代播种,该计算方法相较于开采前已有植被的区域缺乏合理性。请求法院予以科学合理认定。

南京市中级人民法院一审查明:

一、关于被告王玉林非法采矿行为

2015年至2016年期间,王玉林违反矿产资源法的规定,在未取得采矿许可证的情况下,安排他人使用炮头机、挖掘机、渣土车等机械进入南京市浦口区永宁镇老山林场原山林二矿老宕口内,非法开采泥灰岩、泥页岩合计78147吨,开采的矿产品价值1953675元。

2017年至2018年期间，王玉林在南京市浦口区北沿山大道建设施工时，在未取得采矿许可证的情况下，安排他人使用炮头机、挖掘机、渣土车等机械，擅自在建设施工红线外非法采矿，开采灰岩65501.5吨，泥灰岩、泥页岩23867.2吨，开采的矿产品价值2502323.6元。

2020年1月19日，南京市浦口区人民检察院以王玉林等人的行为已经构成非法采矿罪向南京市玄武区人民法院提起公诉。该案审理期间，王玉林退赔矿石资源款4455998.6元。

二、关于非法采矿行为造成的损失

南京市人民检察院于2019年11月13日与江苏省环境科学研究院签订《技术咨询合同书》，委托江苏省环境科学研究院对王玉林非法采矿事件造成的生态环境损害进行评估。合同载明，根据相关收费标准及双方协商确定，案涉生态环境损害评估报告编制费用为40万元。

江苏省环境科学研究院于2020年3月作出《损害评估报告》，认为王玉林非法采矿事件造成的生态环境损害涵盖生态资源的经济损失、生态系统功能受到影响的经济损失和修复期间生物多样性经济损失三个方面。具体包括：

1. 生态资源的经济损失。林木的经济损失 = 林地价格 × 林地面积。林地价格（林地补偿标准）按45000元/公顷计算，本次损害林地面积约为19.15公顷，两处非法采矿地林木的经济损失合计861750元。

2. 生态系统功能受到影响的经济损失。由于采矿场周围植被遭受破坏，造成森林涵养水损失、水土流失、土壤侵蚀及树木放氧量的减少，经计算：(1)综合考虑森林面积、森林涵养水源能力、水价格和服务年限计算出森林涵养水损失为440233元；(2)水土流失将造成地表土壤损失，河道、水库泥沙淤积，综合考虑林地面积、土壤侵蚀模数、水库清淤成本和服务年限计算出水土流失损失为50850元；(3)根据《生物多样性国情研究报告》分析核算森林与草地所减少的土壤损失，综合考虑破坏森林的面积、单位面积减少的土壤侵蚀量、单位土壤肥力的价值量和服务年限计算出土壤侵蚀损失为81360元；(4)综合考虑破坏森林的面积、树木放氧量、每吨氧气价格和服务年限计算出树木放氧量的减少损失为64243元。

3. 修复期间生物多样性经济损失。涉案两个地点属于亚敏感区，恢复时间按2年计，自然修复达到生物多样性基准服务水平所需时间按3年计，经计算，修复期间生物多样性的经济价值损失为132810元。

2020年8月31日，江苏省环境科学研究院出具《补充说明》，载明该说明又针对野生动物（具体包括鸟类和哺乳动物）进行生态环境损害评估。具体包括：

1. 鸟类生态价值损失。经过野外调查和相关数据收集，在两处非法开采点共记录到35种鸟类，共计242只。鸟类具有在一定区域内传播种子和改善土壤的作用。因栖息地破坏导致鸟类数量减少造成的种子传播收益额损失为10×242×50×2=242000元。林鸟改善土壤的作用主要体现为粪便可以提高土壤的肥力，促进土壤的肥沃，也可提高土壤的通透性和通气性，综合考虑相关因素计算出改善土壤价值损失为1121.64元。故因栖息地破坏造成的鸟类生态价值损失合计243122元。

2. 哺乳动物生态环境损害评估。经过野外调查和相关数据收集，在两处非法开采点共记录到6种哺乳动物。由于非法采矿涉及的2处开采区域是哺乳动物的过境区域，目前国内对哺乳动物系统损害和大区域栖息地破坏尚有一些研究，而小范围过境区域破坏而造成的哺乳动物生态环境损害尚无相关的研究成果或量化计算依据，无法量化其生态环境损害价值。

南京市人民检察院主张，《补充说明》已对鸟类生态价值损失作出明确认定，虽然未对哺乳动物生态环境损害评估作出明确认定，但该损失客观存在。综合考虑王玉林非法采矿行为对生态环境的破坏程度，按照已主张的其他生态环境损失总和的1%，计算出哺乳动物栖息地服务价值损失18744元。该院遂于2020年8月31日提交变更诉讼请求决定书，将诉请王玉林承担的生态损害修复费用变更为1893112元。

审理中，王玉林预缴生态损害修复费用及损害评估等事务性费用合计2293112元。

三、关于生态环境修复方案

针对案涉受损生态环境的修复，《关于长江经济带废弃露天矿山（南京市山林二矿）生态修复治理费用的情况说明》载明，山林二矿修复工作由南京市老山林场负责，已于2019年9月完成该工程设计招标并确定设计单位为江苏南京地质工程勘察院，2019年10月31日完成设计方案专家评审，目前已开工建设。山林二矿生态修复工程位于南京西郊老山风景区的东北侧，治理总面积约37000平方米，建设内容主要为土方回填、钢筋混凝土挡墙、清坡、普通喷播、种植藤本、穴植苗木、坡顶截水沟、蓄水池、隔离栏、安全标志灯等，总投资550万元。因王玉林系在原有废弃矿坑的基础上进行开采，故修复工程需结合周边原有矿山破坏情况等进行整体统一修复，治理措施有清坡、普通喷播、穴植苗木及植被养护等，因修复工作需结合原始被破坏矿坑修复工程整体进行，且需根据规定的修复标准完成，故修复所需金额不足部分将由南京市老山林场承担。

《关于浦口区永宁街道大桥林场路口地质灾害治理工程的情况说明》载明，南京市浦口区大桥林场地质灾害治理项目内容主要为削坡减载、回填压脚、坡体覆绿三大项，该工程总投资约299.699万元。该项目建成后，将能有效避免山体碎石滑落，消除地质灾害点的安全隐患，提升山体及周边的生态环境。治理工程项目中部分系因王玉林非法开采导致的原地貌破坏，故需结合周边道路施工等因素进行整体统一修复，因该项目修复工程需结合周边道路施工统一进行，且需根据规定的修复标准完成，部分支出与王玉林非法采矿行为造成的损害无直接关系，该单位承诺王玉林赔偿费用用于破损地块进行生态修复。

审理中，法庭技术顾问朱兴贤对于公益诉讼起诉人提交的上述修复方案进行了审查论证，认为两份方案的编制主体均具有资质，两份方案经济合理、实施效果好，内容符合《江苏省露采矿山环境整治技术要求》的相关规范要求。被告代理人认为上述修复方案制定详细科学、责任分担比例合理，充分考虑了王玉林在1号开采点非法采矿时已经存在废弃矿坑等因素，请求法院根据实际情况依法认定。

庭审期间，南京市人民检察院申请专家辅助人周用武到庭，针对《补充说明》的出具及诉讼请求变更的原因陈述相关意见。周用武认为：《损害评估报告》评估方法符合国家相关的技术标准和操作规范，相关的数据都进行了实地踏勘和核实测量，相关的测算均有一定的依据，内容总体比较全面。

审理过程中，《损害评估报告》及《补充说明》的制作人之一杨国栋作为鉴定人出庭接受询问，并对：(1)1号开采点与2号开采点植被覆盖不同，两个开采点采用的林木经济损失单价均为20年树木价格是否科学；(2)鸟类传播种子面积计算方法未区分植被破坏区域和之前有植被区域是否合理；(3)在242只林鸟并未死亡，只是生态栖息地受到破坏的情况下，依然计算鸟类传播种子损失是否准确等问题作出详细解释。

南京市中级人民法院一审认为，本案争议焦点为：王玉林非法采矿造成的生态资源损失如何认定。

一、关于生态环境损害计算问题

1.生态资源的经济损失计算合理。《损害评估报告》载明，报告出具过程中，调查人员对案涉两个开采点及其周边均采用多种方式进行了较为详尽的现场调查。报告记载"1号开采点因自身就属于矿区，加上非法开采，导致土壤瘠薄、石块嶙峋、水分条件差。植被分布以小乔木和灌草为主，但临近宕口没有被破坏的山体自然恢复情况良好，已经衍生出次生林生境。""2号开采点被破坏的森林群落主要是以麻栎林为主，该植被群落在浦口地区的分布广泛，在海拔50～250m的山坡山谷均可见到，非法采矿区域的多数麻栎树龄超过20年，树形高大，树冠密集。采矿场破坏的植被主要是麻栎、山胡椒、茶条槭、杜仲以及灌木，树木的生长年限在20年左右，生态环境较好”。报告中记载的内容可以与公益诉讼起诉人出具的案涉开采现场图片等证据相互印证，对比未开采区域可见，两个开采点附近未开采区域树木等植被生长良好。非法采矿必将使被开采区域的植被遭到严重破坏，受损山体的修复及自然林地的恢复均需要合理周期，即较长时间才能重新恢复林地的生态服务功能水平，故《损害评估报告》以具有20年生长年限的林地作为参照计算具有一定合理性，《损害评估报告》制作人关于林木经济损失计算的解释科学，故对非法采矿行为造成林木经济损失861750元依法予以认定。

2. 鸟类生态价值损失计算恰当。森林资源为鸟类提供了栖息地和食物来源，鸟类种群维持着食物链的完整性，保持营养物质循环的顺利进行，栖息地的破坏必然导致林鸟迁徙或者食物链条断裂，一旦食物链的完整性被破坏，必将对整个森林生态系统产生严重的后果。《补充说明》载明，两处非法开采点是林鸟种群的主要栖息地和适宜生境，非法采矿行为造成鸟类栖息地被严重破坏，由此必然产生种子传播收益额及改善土壤收益额的损失。鸟类为种子的主要传播者和捕食者，可携带或者吞食植物种子，有利于生态系统次生林的自然演替；同时，次生林和原始森林系统的良性循环，也同样为鸟类的自然栖息地提供了庇护，对植物种子的传播具有积极意义。《补充说明》制作人从生态系统的完整性和种间生态平衡的角度，对非法采矿行为造成平衡性和生物多样性的破坏等方面对鸟类传播种子损失作出了详细解释，解释科学合理，予以采信，对非法采矿造成鸟类生态价值损失243122元予以认定。

3. 哺乳动物栖息地服务价值损失客观存在。森林生态系统是陆地生态系统的重要组成部分，同时也是哺乳动物繁衍和生存的主要栖息地之一。哺乳动物不仅对维持生态系统平衡有重要作用，还能够调节植物竞争，维护系统物种多样性以及参与物质和能量循环等，是改变生态系统内部各构件配置的最基本动力。《补充说明》载明，在两处非法开采点共记录到6种哺乳动物，认定非法采矿涉及的2处开采区域是哺乳动物的过境区域。鉴于小范围过境区域破坏而造成的哺乳动物生态环境损害尚无相关的研究成果或量化计算依据，无法量化其生态环境损害价值。对此法院认为，虽然《补充说明》考虑客观因素无法量化生态环境损害价值，但非法采矿行为造成山体破坏和植被毁坏，导致哺乳动物过境受到严重影响，对哺乳动物栖息地服务价值损失客观存在。结合专家辅助人关于案涉非法采矿区域位于矿坑宕口及林场路口的实际情况，综合考虑上述区域植被覆盖率以及人类活动影响造成两区域内哺乳动物的种类和数量较少等客观因素，公益诉讼起诉人主张按照其他生态环境损失1874368元的1%计算哺乳动物栖息地服务价值损失18744元具有一定的合理性,依法予以支持。

综上,《损害评估报告》及《补充说明》利用科学调查和实际勘测取得数据和资料,明确非法采矿行为所产生的直接经济价值和矿山生态系统所起的生态服务价值,评估方式适当,对生态资源的直接经济损失,以及生态系统功能受到影响的经济损失、生物多样性价值损失等生态资源损失计算方法科学合理,证据充分,结论可信,依法予以认定。王玉林应当就其非法采矿造成的生态环境损失费用1893112元及损害评估等事务性费用400000元承担给付责任。

二、关于生态环境修复问题

长江岸线是支撑长江经济带发展的重要资源,其生态环境的有效保护和统一治理对于维护长江流域生态系统的稳定具有非常重要的作用。恢复性司法理念要求受损的生态环境切实得到有效修复,系统保护需要从各个生态要素全方位、全地域、全过程保护,对破坏生态所造成的损失修复,也要从系统的角度对不同生态要素所遭受的实际影响予以综合考量,注重从源头上系统开展生态环境修复,注重自然要素生态利益的有效发挥,对长江流域生态系统提供切实有效的保护。鉴于非法采矿给生态环境造成了严重的破坏,应当采取消除受损山体存在的地质灾害隐患,以及从尽可能恢复其生态环境功能的角度出发,结合经济、社会、人文等实际发展需要进行总体分析判断。

《损害评估报告》建议,对受损山体应当采用削坡、修建截排水系统、矿区回填、种植藤蔓植物、喷播、穴植苗木等方法改善区内生态环境。本案中,1号开采点所在山林二矿地区修复项目即位于南京市长江沿线10公里范围内需要治理的露天矿坑项目之中。公益诉讼起诉人提交的修复方案涵盖了山体修复、植被复种、绿地平整等生态修复治理的多个方面,充分考虑了所在区域生态环境结构的功能定位,体现了强化山水林田湖草等各种生态要素协同治理的理念,已经法庭技术顾问论证,结论科学,方法可行。王玉林赔偿的生态环境损失费用中,林木的直接经济损失861750元,生态系统功能受到影响的损失包括森林涵养水损失440233元、水土流失损失50850元、土壤侵蚀损失81360元、树木放氧量的减少损失64243元,合计1498436元,上述费用属于改善受破坏的自然环境状况,恢复和维持生态环境要素正常生态功能发挥范畴,可用于侵权行为发生地生态修复工程及地质灾害治理工程使用。

本案中,生物栖息地也是重要的生态保护和修复目标,生物多样性受到影响的损失即鸟类生态价值损失243122元、哺乳动物栖息地服务价值损失18744元、修复期间生物多样性价值 132810 元，合计 394676 元，属于生物多样性恢复考量范畴，可在基础修复工程完成后，用于侵权行为发生地生物多样性的恢复及保护使用。判决生效后，法院邀请公益诉讼起诉人、人大代表、社会公众代表、相关行政职能部门人员、媒体代表等组成监督小组，共同对赔偿资金的使用及修复项目实施后生态环境恢复的程度和水平进行验收，有关信息将采用适当方式予以公示，接受社会监督，切实实现长江生态系统整体性和流域系统性保护。

生态环境要素变化与人类密切相关，坚持生态优先和保护优先，应当是我们的共识。环境司法的职能就在于通过依法受理、审理案件，引导公众树立正确的生态文明观，自觉遵守生态环境保护法律法规，共同善待生态环境，守护绿水青山，引导已经污染环境、破坏生态的侵权者主动修复遭受损害的生态环境。法院充分注意到，被告王玉林表示已经意识到自身行为的违法性，通过代理人表达了对破坏生态环境的歉意，并积极主动预缴生态损害修复费用并在刑事案件中退赔矿石资源款，正在以实际行动消除侵权行为对生态环境所造成的损害。

综上，南京市中级人民法院依照《中华人民共和国环境保护法》第六十四条，《中华人民共和国侵权责任法》第六条，《最高人民法院关于审理环境民事公益诉讼案件适用法律若干问题的解释》第十八条、第二十条、第二十一条、第二十四条，《中华人民共和国民事诉讼法》第一百四十八条之规定，于 2020 年 12 月 4 日作出（2020）苏 01 民初 798 号民事判决：

一、被告王玉林对其非法采矿造成的生态资源损失 1893112 元承担赔偿责任（已缴纳），其中 1498436 元用于南京市山林二矿生态修复工程及南京市浦口区永宁街道大桥林场路口地质灾害治理工程使用，394676 元用于上述地区生物多样性的恢复及保护使用。

二、被告王玉林承担损害评估等事务性费用 400000 元（已缴纳），该款项于本判决生效后十日内划转至江苏省南京市人民检察院。

判决后，王玉林未提出上诉，该判决已发生法律效力。

案例报送单位：南京市中级人民法院
一审合议庭成员：陈　迎、姜　立、刘尚雷、陈美芳、毛建美、丁　茜、任重远
报送人：刘尚雷
审稿人：缪　芳

徐州市人民检察院诉江苏泽龙石英有限公司环境污染民事公益诉讼案

（2021）参阅案例10号

【裁判摘要】

环境污染民事公益诉讼中，当事人双方对案件基本事实无争议，仅就案件所涉专业技术事实存在分歧的，为厘清专业问题，提高庭审效率，人民法院可于庭前组织专家会议，围绕案件所涉专业技术问题提出意见，形成的庭前专家会议记录应作为法官裁判案件的参考。

【相关法条】

《最高人民法院关于适用〈中华人民共和国民事诉讼法〉的解释》第二百二十四条　依照民事诉讼法第一百三十三条第四项规定，人民法院可以在答辩期届满后，通过组织证据交换、召集庭前会议等方式，作好审理前的准备。

第二百二十五条　根据案件具体情况，庭前会议可以包括下列内容：

（一）明确原告的诉讼请求和被告的答辩意见；

（二）审查处理当事人增加、变更诉讼请求的申请和提出的反诉，以及第三人提出的与本案有关的诉讼请求；

（三）根据当事人的申请决定调查收集证据，委托鉴定，要求当事人提供证据，进行勘验，进行证据保全；

（四）组织交换证据；

（五）归纳争议焦点；

（六）进行调解。

【点评】

环境资源审判与传统审判相比，对生态损害、环境污染状况的事实认定和裁判量化，都高度依赖技术事实的认定。这种高度的专业性和复合性以及法律知识与科学知识的相互交织，给传统司法程序提出了挑战，环境资源审判必须构建与其自身特点相适应的审判程序和审判规则。本案即是对环境资源诉讼专门性问题认定过程中专家参诉机制的探索。相较于普通的庭前会议制度，庭前专家会议的设立目的更具针对性，旨在充分尊重科学客观的前提之下保证司法程序的严谨性，缓解专门性问题科学解决和司法认定程序之间存在的矛盾冲突，体现了环境资源审判专门化发展的内涵。专家于庭前会议环节参与诉讼，对专门性问题的认定发表意见和提出质疑，对于诉讼效率的提高和专门性事实的准确充分认定具有积极意义。

公益诉讼起诉人：徐州市人民检察院。

被告：江苏泽龙石英有限公司，住所地在江苏省新沂市阿湖镇硅产业科技工业园。

公益诉讼起诉人徐州市人民检察院因被告江苏泽龙石英有限公司（以下简称泽龙公司）环境污染公益诉讼一案，向徐州市中级人民法院提起民事公益诉讼。徐州市中级人民法院于2020年9月3日组织召开庭前专家会议，并于2020年9月25日公开开庭进行了审理。

徐州市人民检察院诉称：泽龙公司无视国家法律规定，对酸洗石英砂后产生的废水未严格按照环评要求进行处理，即用来清洗碎石，并违反水洗破碎废水不外排的环评要求，在未采取任何环保处理措施的情况下，将水洗破碎产生的废水直接向经营场所围墙外排放，对生态环境特别是土壤造成严重污染，损害了社会公共利益。综上，提出诉讼请求：（1）判令被告赔偿生态环境治理修复费用人民币771910元、应急处置费用人民币638607元，以上合计人民币1410517元。（2）判令被告承担本案公告费、专家辅助人咨询费用共计3350元。庭审过程中，公益诉讼起诉人当庭撤回本案第一项诉请中的应急处置费用人民币638607元。

被告泽龙公司辩称：公益诉讼起诉人诉请要求被告赔付生态环境修复费人民币771910元没有事实和法律依据。（1）在相关刑事案件审理时，王某、夏某、庄某分别交纳环境修复金33万元、15万元、15万元，共计63万元，用于赔付新沂市阿湖镇人民政府（以下简称阿湖镇政府）治理环境的支出，因此阿湖镇政府应急处理费已经得到赔偿。（2）案发后，阿湖镇政府已经组织人员对泽龙公司外排的废水以及污泥进行处理，清理废水、泥浆等2750立方米，因此，泽龙公司外排的废水得到全面清理。（3）检测结果表明，泽龙公司西侧地块土壤样品浓度小于国家标准中第二类用地筛选值要求。（4）根据现场勘查笔录以坑塘深度来标注水深，进而计算污水总量与客观实际不符。

徐州市中级人民法院经审理查明：

泽龙公司成立于2010年12月29日，主要经营范围是石英砂、硅微粉、石英制品、普通磨料加工、销售等。2016年12月26日，新沂市生态环境局作出《关于江苏泽龙石英有限公司年产20万吨新型高效石英砂项目环境影响报告表审批意见》（以下简称《审批意见》），原则同意泽龙公司按照《报告表+专项分析》的内容，在拟选地址建设。《审批意见》同时要求泽龙公司在项目建成后，按照《建设项目竣工环境保护验收管理办法》的要求，向新沂市生态环境局申请验收，经验收合格后方可正常生产。

2017年5月至2018年2月，泽龙公司为节约生产成本，将酸洗石英砂过程中产生的未按严格程序进行无害化处置的废水，循环利用于水洗碎石工序，并将水洗碎石后产生的废水、泥浆不经任何无害化处置直接排放至公司西侧院墙外无防渗措施的土坑塘（长27米、宽20米、水深0.5米，以下简称南坑塘），该坑塘内的废水经过沉淀后通过地面直接流入硬化但未做防渗的坑塘（长29.5米、宽13.9米、水深2.5米，以下简称北坑塘）。经新沂市生态环境局认定，南坑塘为渗坑。2018年6月16日，中央第四环境保护督察组现场检查发现该问题。同日，新沂市生态环境局采样委托新沂市环境监测站监测，该监测站出具（2018）新环监（水）字第（014）号《监测报告》。报告显示：泽龙公司西墙外坑塘废水中铅含量为4.3mg/L、镉含量为1.22mg/L。由于该监测报告取样地点表述不够明确，新沂市环境监测站又于6月18日再次到涉案坑塘取样。2018年6月18日，经新沂市环境监测站取样监测，南坑塘渗坑内废水PH值为5.8，其中铅含量为3.7mg/L，是国家污水综合排放标准的3.7倍；镉含量为0.99 mg/L，是国家污水综合排放标准的9.9倍。北坑塘内废水PH值为5.65，其中铅含量为4.0 mg/L，是国家污水综合排放标准的4倍；镉含量为1.26mg/L，是国家污水综合排放标准的12.6倍。2018年6月19日，阿湖镇政府组织对涉案坑塘进行紧急处置，共支出应急处置费用638607元。泽龙公司将

490.66吨涉案废水交由江苏锡沂水务有限公司处理，对于涉案淤泥，泽龙公司运输至阿湖镇三里村铺路。

另查明，2019年2月13日，徐州铁路运输检察院就泽龙公司、案外人王某、夏某、庄某实施的以上违反国家规定排放有毒物质，严重污染环境行为，向徐州铁路运输法院提起公诉。该案审理过程中，王某、夏某、庄某分别自愿缴纳环境修复金33万元、15万元、15万元，用于赔付阿湖镇政府修复环境的支出。徐州铁路运输法院经审理，作出（2019）苏8601刑初28号刑事判决，认定泽龙公司犯污染环境罪，判处罚金人民币30万元；王某、夏某、庄某犯污染环境罪，被判处相应刑罚。

还查明，徐州市人民检察院为确定泽龙公司外排废水所致生态环境修复费用，支出专家辅助人咨询费3000元；为提起本案诉讼，支出公告费350元。

徐州市中级人民法院审理认为：

一、关于泽龙公司外排废水的行为应否承担生态环境损害赔偿责任的问题

《中华人民共和国环境保护法》第四十二条中规定，排放污染物的企业事业单位和其他生产经营者，应当采取措施，防治在生产建设或者其他活动中产生的废水等对环境的污染和危害。严禁通过暗管、渗井、渗坑、灌注或者篡改、伪造监测数据，或者不正常运行防治污染设施等逃避监管的方式违法排放污染物。《中华人民共和国水污染防治法》第三十九条规定："禁止利用渗井、渗坑、裂隙、溶洞，私设暗管，篡改、伪造监测数据，或者不正常运行水污染防治设施等逃避监管的方式排放水污染物。"《中华人民共和国环境保护法》第六十四条以及《中华人民共和国侵权责任法》第六十五条同时规定，因污染环境和破坏生态造成损害的，污染者应当承担侵权责任。

首先，新沂市生态环境局作出的《审批意见》中明确项目生产工艺为石英石→水洗破碎→酸洗→水洗→烘干→分拣→包装入库。项目废水主要包括水洗破碎废水、地面冲洗水、酸雾吸收塔废液及生活污水。其中，水洗破碎废水经沉淀池沉淀处理后回用于生产，不外排。盐酸提浓装置产生的废酸水、酸洗后水洗废水、地面冲洗水及酸雾吸收塔废液一起排入厂内污水处理站处理，处理后的尾水大部分回用于酸洗后水洗工序，少部分用于厂区绿化灌溉，剩余部分外排入附近农灌沟；生活污水经隔油池、化粪池及地埋式生活污水处理装置处理达标后排入附近农灌区。项目外排废水主要污染物指标执行《污水排放标准》（GB 8979－1996）表4一级标准，总体排放浓度执行《污水排入城镇下水道水质标准》（CJ 343－2010）C等级标准。本案中，泽龙公司在未采取任何环保处理措施

的情况下，将水洗破碎产生的废水直接排放至公司西侧院墙外无防渗措施的南坑塘，该坑塘内的废水经过沉淀后通过地面直接流入硬化但未做防渗的北坑塘，且南坑塘经新沂市生态环境局认定为渗坑，该行为明显违反《审批意见》中的环境保护要求和规范。

其次，根据公益诉讼起诉人提交的公安机关询（讯）问笔录显示，泽龙公司废水处理项目的设计，絮凝反应池应添加 PAC（聚合氯化铝）、PAM（聚丙烯酰胺），可以去除颗粒物及 90% 以上重金属，但泽龙公司开始生产时将 PAC 和 PAM 换成了石灰粉，起不到去除重金属的作用，且为节约成本，该处理项目一直未予正常使用，未按环评要求处理生产废水。

最后，对于泽龙公司举证《淮安市华测检测技术有限公司的检测报告》证明泽龙公司外排废水铅、镉没有超标的答辩意见。法院认为，新沂市国土资源局于 2019 年 1 月 3 日出具的《关于阿湖镇泽龙石英厂西侧地块勘验情况的复函》显示，涉案地块总面积 4863.3 平方米中，规划用途为允许建设用地仅约 178.1 平方米，其余基本农田保护区约 2181.7 平方米，一般农地约 2503.5 平方米。根据《中华人民共和国土壤污染防治法》第二十八条第一款规定："禁止向农用地排放重金属或者其他有毒有害物质含量超标的污水、污泥，以及可能造成土壤污染的清淤底泥、尾矿、矿渣等。"新沂市生态环境局于 2018 年 6 月 16 日和 18 日分别作出的监测报告，均显示涉案两坑塘内废水含有重金属且超标。而华测公司取样时间为 2018 年 6 月 19 日上午 10 时，且（2019）苏 8601 刑初 28 号刑事判决书中显示，6 月 18 日 20 时至 19 日 12 时，当地降水 15.6mm（大雨），华测公司工作人员亦证实下雨会稀释被采取的水样，对检测结果造成影响。另外，从 6 月 18 日开始，泽龙公司以及阿湖镇政府开始进行渗坑填平、废水转移等施工，当天被中央环保督察组发现并叫停。当晚至 19 日凌晨，为使泥浆泵正常工作，期间有对坑塘注水调浆的行为。故新沂市环境监测站的取样是原坑塘中的废水，而华测公司取样时原坑塘内废水已经基本抽干，且下过大雨，又经注水调浆，故在客观情况已经变化的情况下，华测公司的检测报告难以反映泽龙公司的生态环境损害情况，对泽龙公司外排废水铅、镉没有超标的答辩意见不予采纳。

综上，泽龙公司违反法律法规，对酸洗石英砂后产生的废水未按照环评要求进行处理，具有明显的污染环境的主观故意。泽龙公司外排废水重金属严重超标，且外排至未作防渗措施、土地规划性质为基本农田及一般农地的坑塘，造成土地污染，损害社会公共利益，应当承担相应的侵权责任。

二、关于泽龙公司所造成的生态环境损害赔偿额如何计算的问题

《最高人民法院关于适用〈中华人民共和国民事诉讼法〉的解释》第二百二十四条规定："依照民事诉讼法第一百三十三条第四项规定,人民法院可以在答辩期届满后,通过组织证据交换、召集庭前会议等方式,作好审理前的准备。"鉴于本案当事人双方对基本案件事实均无异议,仅就本案所涉专业技术事实存有争议,且公益诉讼起诉人和被告就生态环境修复费用的计算均聘请了专家并均提供了书面的专家意见。为厘清专门性问题争议,提高庭审效率,对本案所涉专业技术问题,法院于庭前专门组织专家会议,由公益诉讼起诉人聘请的三名技术专家和被告泽龙公司申请的两名技术专家同时出庭,围绕本案所涉专门性争议问题提出意见。

经庭前专家会议确认,对于本案环境损害的计算,双方技术专家对下述三点并无分歧:(1)本案环境污染损害的类型为土壤污染;(2)本案环境污染损害鉴定评估方法采取《环境保护部关于开展环境污染损害鉴定评估工作的若干意见》和《环境损害鉴定评估推荐方法(第Ⅱ版)》中推荐的"虚拟治理成本法",其计算公式为:污染物排放量×污染物单位治理成本×受损害环境敏感系数;(3)本案适用虚拟治理成本法计算的受损害环境敏感系数采用一般农用地的7.0。

双方技术专家的分歧主要集中在:(1)本案所涉废水是否为酸性废水。(2)能否以公益诉讼起诉人提交的徐州徐工液压有限公司出具的《关于废水处理成本的说明》中的处理成本作为本案适用"虚拟治理成本法"时计算的成本依据。(3)对于废水数量的认定。

对此,法院认为:(1)《国家环境保护总局关于〈污水综合排放标准〉PH限值问题的复函》中指出,《污水综合排放标准》(GB 8978－1996)中PH限值为6～9,应理解为一个指标,不存在有效数字定义和数字修约问题,监测数据的有效数字是由所采用监测仪器和监测方法的精度决定的。监测数据不应修约后再与标准值进行比较。据此,对于监测数据不应予以修约。故对被告聘请专家提出两废水PH值5.65和5.8因近似为6,所以该PH值在6～9范围的专家意见不予采信。(2)因本案所涉坑塘废水5.65和5.8不予修约,故该坑塘废水属于酸性废水。又鉴于经监测,该酸性废水的铅、镉均超标,故泽龙公司外排废水属于酸性含重金属废水。被告聘请专家提出被告排放废水不属于酸性废水,且提出非酸性含重金属废水的处理成本约3～5元/每立方米的专家意见,因与本案所涉废水的性质不同,故对该专家意见不

予采信。(3)对于公益诉讼起诉人提交的徐州徐工液压有限公司出具的《关于废水处理成本的说明》中的处理成本,双方技术专家均认可徐州徐工液压有限公司具有处理涉案废水的能力,且根据现有的监测数据,双方技术专家均认为没有其他的方式可以确定废水的单位处理成本。被告及被告聘请的技术专家虽否认该说明的代表性,但是并未予以举证证明,故对公益诉讼起诉人提交的徐州徐工液压有限公司出具的《关于废水处理成本的说明》予以采信。(4)对于本案所涉废水量,从公益诉讼起诉人提交的2018年6月18日新沂生态环境局对涉案现场进行现场检查(勘察)的图片显示,废水基本上是满溢状态,加之后续有填埋和下雨等因素,已经无法再次测算实际废水量。特别是无法再次测算实际废水量的重要因素之一在于被告的恶意填埋行为,被告应对此承担不利的后果,且被告亦未对其所主张的实际废水量予以举证证明。故对公益诉讼起诉人聘请技术专家提出的污染事件废水总量依据两坑塘各自的长、宽、深计算为1295.125立方米的专家意见,法院予以采纳。鉴于泽龙公司将490.66吨涉案废水交由江苏锡沂水务有限公司处理,故本案所涉污染事件的现存废水量为804.465立方米(1295.125立方米－490.66立方米)。综上,本案所涉的生态环境修复费用,依据“虚拟治理成本法”计算为804.465×137.076×7.0=771910元。

综上,被告泽龙公司违反法律法规,对酸洗石英砂后产生的废水未按照环评要求进行处理,外排废水重金属严重超标,造成土地污染,损害社会公共利益,应当承担相应的侵权责任。徐州市人民检察院的诉讼请求有事实和法律依据,依法予以支持。依照《中华人民共和国侵权责任法》第十五条、第六十五条等规定,徐州市中级人民法院于2020年9月30日作出(2019)苏03民初338号民事判决:

一、江苏泽龙石英有限公司于判决生效后三十日内,赔偿生态环境修复费用771910元,支付至徐州市环境保护公益金专项资金账户;

二、江苏泽龙石英有限公司于判决生效后三十日内支付江苏省徐州市人民检察院为本案支付的合理费用3350元。

判决后,泽龙公司未提出上诉,该判决已发生法律效力。

案例报送单位:徐州市中级人民法院
一审合议庭成员:张　建、赵　涛、周美来、刘　杰、岳　芬、蒋继安、吴夫强
报送人:赵　涛、吴一冉
审稿人:卢燊绅